ESSAI SUR LE PEUPLE

ET

LA LANGUE SARA

(BASSIN DU TCHAD)

Précédé d'une Lettre-Préface de M. F.-J. Clozel.

PARIS

LIBRAIRIE AFRICAINE & COLONIALE

JOSEPH ANDRÉ & Cᵉ

27, RUE BONAPARTE, 27

—

1898

ESSAI SUR LE PEUPLE

ET

LA LANGUE SARA

MAURICE DELAFOSSE

ESSAI SUR LE PEUPLE

ET

LA LANGUE SARA

(BASSIN DU TCHAD)

Précédé d'une Lettre-Préface de M. F.-J. Clozel.

PARIS

LIBRAIRIE AFRICAINE & COLONIALE

JOSEPH ANDRÉ & Cⁱᵉ

27, RUE BONAPARTE, 27

1897

Paris, le 30 août 1897.

Mon cher Delafosse,

Vous avez bien voulu me communiquer votre travail ethnographique et linguistique sur les Saras. Nous autres, anciens compagnons de Maistre, nous sommes encore les seuls Européens à avoir vu les Saras chez eux. Je suis donc heureux de vous dire combien je trouve votre œuvre fidèle sur tous les points qu'il m'a été permis de contrôler *de visu*. En admettant même qu'à son retour mon ami Gentil, qui doit être au Tchad en ce moment, nous apporte de nouveaux renseignements sur cette intéressante peuplade, je doute qu'on puisse de longtemps ajouter grand'chose à la partie linguistique de votre livre, rédigée avec une science et une méthode que peu de voyageurs possèdent.

Quand bien même il s'agirait d'un idiome peu répandu, vous savez quel parti la philologie comparée peut tirer de ces sortes de monographies. Mais le sara n'est à mon avis qu'un des dialectes d'une langue parlée dans tout le bassin méridional du lac Tchad, c'est-à-dire dans un territoire d'environ 250.000 kilomètres carrés, à peu près la moitié de la superficie de la France. La majeure partie de ce territoire est aujourd'hui réservée à l'influence de notre pays par la convention franco-allemande du 4 février 1894.

Saras, Tounmoks, Gaberis, Lakas (je retiens seulement les noms des tribus les plus importantes visitées par nous pendant notre voyage du sud du Baguirmi aux confins de l'Adamaoua) sont évidemment parents d'aspect, de mœurs et de langue.

Vous avez établi l'étroite parenté du dialecte Sara et du Bagrimma, la langue parlée dans le nord du Baguirmi, sur laquelle nous possédons une étude assez complète du grand voyageur allemand Henri Barth.

Le Poul, le Haoussa, le Kanouri, l'Arabe, qui au nord et à l'ouest se mélangent et se superposent aux dialectes voisins du Sara, les ont sans doute enrichis de termes assez nombreux, et tout d'abord de ceux nécessaires à la pratique d'une religion nouvelle, l'islamisme, dont l'introduction dans le Baguirmi remonte au règne du quatrième Mbang Abdallah, fils de Loubatko (1568-1608).

Au sud la frontière linguistique est beaucoup plus nette. Les Arétous, voisins des Saras, les Bayas voisins des Lakas, sont, à mon avis, les membres les plus septentrionaux de la famille bantou. Aussi sauvages que les Saras et les Lakas eux-mêmes, ils ne pouvaient avoir une action bien forte; tandis que les Foulbés, les Haoussas, les Bornouans, les tribus arabes soudanaises du nord et du nord-ouest, représentant, au triple point de vue commercial, religieux et social, une civilisation supérieure et plus ancienne, devaient faire sentir leur influence sur la langue comme sur les mœurs des peuplades qui nous occupent.

La plus méridionale d'entre elles, les Saras, se trouve donc être celle de toutes qui a le plus complètement échappé aux influences étrangères. Elle demeure par conséquent le plus intéressant objet d'étude pour l'ethnographie et la philologie du Centre-Afrique.

Tout cela revient à dire, mon cher Delafosse, que vous avez fait œuvre utile et que je souhaite à votre livre, auprès des travailleurs auxquels il est destiné, tout le succès qu'il mérite.

Votre affectionné,

F.-J. CLOZEL.

AVANT-PROPOS

On sait les détails de l'expédition qui fut dirigée en 1891 par M. Jean Dybowski entre l'Oubangui et le Chari contre les meurtriers de Crampel. M. Nébout et M. Briquez, envoyés en avant, surprirent un campement de musulmans près du village ngapou de Yabanda, dans la nuit du 22 au 23 novembre 1891, en tuèrent quelques-uns et mirent les autres en fuite. Pendant le feu de salve, un enfant se précipita affolé dans les jambes de M. Briquez : c'était un indigène du pays *sara*, nommé Ali (1). Né à Goudongou (2), il avait été enlevé dans une razzia avec sa mère et ses frères, tandis que son père avait été tué en défendant sa case ; puis on l'avait vendu comme esclave à un marabout du Dar Rougna, qui l'avait emmené dans ses voyages commerciaux et s'était joint à un groupe de musulmans commandé par Ali Djaba, l'un des meurtriers de Crampel. Le maître du jeune Ali venait d'être tué par nos balles. M. Dybowski le recueillit et l'amena en France.

M. Dybowski m'ayant, avec beaucoup de bienveillance, accordé l'autorisation de travailler avec le jeune Sara, je demandai à Ali de m'apprendre sa langue maternelle. Le résultat dépassa de beaucoup mes espérances, et la plus élémentaire justice m'oblige à en faire retomber tout le mérite sur la bonne volonté, la patience et l'intelligence de mon jeune professeur. Rien n'avait encore été fait sur la langue sara (3).

Je profite de l'occasion qui se présente à moi en adressant ici mes plus sincères remerciements à MM. Maistre et Dybowski, qui ont bien voulu, le premier me communiquer des vocabulaires recueillis chez les peuples voisins

---

(1) Voir pour plus de détails : J. Dybowski, *la Route du Tchad*, Paris, 1893, in-8 ; — Albert Nébout, *la Mission Crampel* (*Tour du Monde*, 1892, 2e semestre) ; — P. Brunache, *le Centre de l'Afrique*, Paris, 1894, in-8.

(2) Cette localité doit être située non loin du Bahar-Sara.

(3) Nachtigal a recueilli un vocabulaire de la langue sara, mais son manuscrit n'a pas été publié.

des Sara, le second m'aider de ses renseignements autorisés et de ses bien-
veillants encouragements.

Tommodi (Baoulé), le 10 avril 1895.

. . . .

Les lignes qui précèdent étaient écrites depuis plus de deux ans, ainsi que
le mémoire qui suit, lorsqu'à mon retour de la Côte d'Ivoire, je fus vive-
ment pressé par M. Clozel, actuellement administrateur de l'Indénié, de pu-
blier ce travail. Non content de m'encourager, M. Clozel a poussé l'amabilité
jusqu'à me communiquer toutes les notes philologiques, si précieuses et si
riches, recueillies par lui au cours de ses divers voyages dans les régions de
l'Oubangui, du Chari et de la Sangha. Ces notes m'ont permis de compléter
et, en bien des points, de corriger mon travail. Je tiens à lui exprimer ici
mes sentiments de vive gratitude.

Paris, le 17 août 1897.

PREMIÈRE PARTIE

Il faut arriver à l'année 1855 pour rencontrer dans un ouvrage le nom des Sara. Cet ouvrage est le *Mémoire sur le Soudan* du comte d'Escayrac de Lauture. Sur son esquisse d'une partie du Soudan, dressée au Caire le 27 juin 1855, le comte d'Escayrac place le pays des Sara entre les 6° et 8° de latitude nord et entre les 14° et 16° de longitude est de Paris, ce qui s'éloigne peu de la réalité, au moins pour la longitude. Il mentionne même, sans pouvoir d'ailleurs en affirmer la position exacte, les trois localités de Kounra, Tchéré et Goulai, et y ajoute, dans le texte de son mémoire, les noms des Sara-Nar et des Sara-Falgi.

Barth rapporta de son séjour au Baguirmi des données géographiques plus précises sur le peuple sara que celles fournies au comte d'Escayrac par le cheikh Ibrahim et ses autres informateurs. Il mentionne sur sa carte les villages sara de *Gosdéga*, de *Kounra* et de *Daï*.

Le premier voyageur qui ait vu des Sara et qui ait donné sur eux des indications quelque peu détaillées est le docteur Gustave Nachtigal. S'étant rendu en 1872 avec Mohammed Abou Sekkin, sultan du Baguirmi, à Goundi, alors la ville principale des Toummok, il vit un certain nombre de Sara, enrôlés dans l'armée baguirmienne à côté de contingents somraï, gabéri, ndamm, boua, etc. Il remarqua même que le contingent sara était le plus considérable. « Les Sara, dit-il, forment une peuplade très nombreuse, occupant un territoire étendu, mais dont les divers groupes ne se trouvent point reliés en faisceau ; chaque localité, comme chez les Gabéri, possède son chef particulier. Daï est, au rapport des indigènes, l'endroit près duquel se fait la bifurcation du Chari en Ba-Logon et en Ba-Bousso (1). Toute cette région est essentiellement plate et unie, sauf en deux ou trois points de l'une et de l'autre rivière, où se dressent des intumescences de roches rouges, très peu considérables (2). »

---

(1) Cette information est inexacte : en réalité Daï est situé à une certaine distance à l'ouest du village de Mandjatezzé ; c'est près de ce village que se trouve le confluent du Bamingui (Bahar-El-Abiod) et du Gribingui (Bahar-El-Ardh), qui, en se réunissant, forment le Chari.

(2) NACHTIGAL, *Voyage du Bornou au Baguirmi* (traduit de l'allemand par Jules Gourdault), *Tour du monde*, 1880, 2ᵉ semestre.

Nachtigal put recueillir quelques vocabulaires auprès de ces soldats et réunir un certain nombre de mots sara, somraï, gabèri, nyillem, boua, etc. Malheureusement ces vocabulaires n'ont pas été publiés.

En 1891, M. Dybowski pouvait nous donner quelques renseignements complémentaires, grâce au jeune Ali, le premier et jusqu'ici le seul Sara que l'on ait vu en Europe.

Mais aucun Européen n'avait encore pénétré sur le territoire sara : cet honneur devait revenir à M. Maistre et à ses compagnons, MM. de Béhagle, Bonnel de Maizières, Briquez, Brunache et Clozel, qui nous ont fait connaître définitivement le pays sara, en même temps qu'ils le conquéraient pacifiquement à la France (juin 1892 à mars 1893).

D'après les cartes de Nachtigal, et en faisant les corrections relatives à l'erreur commise par ce voyageur sur le cours supérieur du Logone et du Bahar-Kouti, il semble que le territoire occupé par les Sara forme une sorte de parallélogramme : le côté nord serait constitué par l'Aoukadebbé, affluent de droite du Chari ; le côté est serait une ligne allant du nord-est au sud-ouest et reliant l'Aoukadebbé au Gribingui, pour aboutir près de Mandjatezzé, par 8° 39' environ de latitude nord ; le côté sud serait une ligne à peu près parallèle au cours de l'Aoukadebbé, reliant le Gribingui au Ba-Baï de Nachtigal, affluent de droite du Logone (peut-être la rivière Vouni signalée à M. Maistre par les Mandjia ou la Wom visitée par M. Clozel). Le côté ouest enfin relierait le Ba-Baï à l'Aoukadebbé, de façon à passer aux environs de Béï, un peu à l'est de Goundi, et à aboutir non loin du confluent de l'Aoukadebbé et du Chari.

Les confédérations habitant ce territoire pourraient se répartir en trois fractions :

1° Les tribus riveraines du Ba-Sako (affluent de gauche de l'Aoukadebbé), en butte aux incursions des marchands d'esclaves du Ouadaï et du Dar-Rougna (1) :

2° Les tribus riveraines du Chari et du Bahar-Sara, presque toutes vassales du Baguirmi ;

3° Les tribus voisines du Ba-Baï, qui semblent avoir conservé leur indépendance.

Les principales confédérations du Ba-Sako seraient, d'après Nachtigal, les *Sara-Dyak*, les *Sara-Balëi*, les *Sara-Kob*, et les *Sara-Koufou*. Dans la vallée du Chari et celle du Bahar-Sara, on a les *Sara-Mandjatezzé*, les *Sara-Kassinda*, les uns et les autres placés par M. Maistre sous le protectorat de la France, puis les *Sara-Mara*, les *Sara-Daï*, les *Sara-Koumra*, les *Sara-Kolé* et les *Sara-Gosdéga*. Les principaux villages de la troisième zone cités par Nachtigal sont *Kampa*, *Ngouroum* et *Bangoul*.

La plus importante des confédérations visitées par la mission Maistre est celle des *Sara Daï*, qui a pour capitale la ville de Daï. Elle commence au village de Garenki, bâti en partie sur une île du Bahar-Sara et en partie dans ce cours d'eau lui-même, sur pilotis ; elle comprend, outre Garenki et Daï, les villages de Gako et de Sada : ce dernier forme au nord-ouest la limite de la confédération.

____

(1) On écrit généralement *Dar-Rouna*, mais l'orthographe *Rougna* est plus conforme à la prononciation indigène (*Runa* ou *Runya*). *Rouna* au contraire est plus conforme à l'orthographe et à la prononciation arabes. Quant à l'orthographe *Rounga*, elle est défectueuse.

Les voisins des Sara sont : au nord, les Nyillem et les Boua, vassaux du Baguirmi ; à l'est, les habitants du Dar-Mara, parmi lesquels se trouvent un certain nombre de traitants musulmans venus du Dar-Rougna ; au sud-est, les Arétou ou Rotou ; au sud, les Akounga, les Dagoua, les Ngama, les Mbagga, les Bina ou Bigna et les Tenna ou Tenné : au sud-ouest, les Baï ou Baya ; à l'ouest et au nord-ouest, les Gabéri, les Toummok, les Ndamm et les Miltou, tous, sauf les premiers, plus ou moins vassaux du Baguirmi.

Les différents voyageurs qui ont vu des Sara s'accordent tous pour en faire l'un des peuples nègres les mieux doués sous le rapport physique. Leur taille, d'abord, est plutôt au-dessus de la moyenne. « Au physique, dit M. Maistre, dans son rapport, les Sara forment la plus belle race que nous ayons rencontrée en Afrique : les mesures anthropométriques que j'ai prises me donnent une moyenne de 1ᵐ78 pour la taille des hommes (1). »

Les sujets du chef Mara, qui habitent à l'ouest de Mandjatezzé, dépassent cette moyenne : « C'est là, dit M. Clozel, que nous avons vu les plus beaux représentants de la race sara. Les moins grands de nos visiteurs ont plus de 1ᵐ80. Les tailles de deux mètres et plus ne sont pas rares (2). » M. Maistre, dans la relation de son voyage qu'a publiée le *Tour du Monde*, parle aussi de ces tailles de deux mètres comme se rencontrant de temps en temps.

Mais ce n'est pas seulement par leur taille que les Sara sont remarquables au point de vue anthropologique. Leur musculature répond à leur hauteur. Ce sont, à peu d'exceptions près, de très beaux hommes, presque des géants, à la poitrine développée, aux épaules larges et carrées, aux membres bien découplés, fortement charpentés et merveilleusement proportionnés. « Tous ces gens sont superbement musclés : des membres d'Hercule, des poitrines d'un développement superbe, et des épaules à porter un monde, si les Sara n'étaient trop fiers pour porter autre chose que leurs grandes lances à talon de fer, semblables sans doute à celles qu'agitaient dans les plaines troyennes les plus robustes parmi les héros homériques (3). »

Le nez est droit, un peu gros, non pas épaté, mais court et légèrement déprimé à la partie supérieure. Les traits sont réguliers, le front large et fuyant, les pommettes saillantes, les narines et les lèvres minces, les yeux allongés, peu enfoncés et légèrement obliques, les sourcils peu fournis, les oreilles excessivement petites.

Leur physionomie, d'après M. Brunache, est assez expressive. « Sans être belle, elle n'est pas désagréable, et les légers tatouages très en faveur chez les Sara ne les défigurent point... Ils sont assez cambrés et ont un port très majestueux qui est le complément obligé de leur haute stature. »

L'art du tatouage est en honneur chez les Sara ; le front, les joues, les bras, le dos sont couverts de petites cicatrices provenant d'incisions peu profondes et formant des dessins variés. Mohammed El-Tounsi, parlant des tatouages des tribus fétichistes qui

---

(1) C. MAISTRE, *Rapport sur l'expédition envoyée par le Comité de l'Afrique Française dans l'Afrique Centrale* (Bulletin du Comité de l'Afrique Française, juin 1893).

(2) F.-J. CLOZEL, *la Mission Maistre* (Supplément au n° du *Temps* du 24 mai 1893).

(3) Id.

fournissent des esclaves aux états musulmans du Soudan, dit que les idolâtres de l'extrême sud baguirmien se font trois rangs de mouchetures de chaque côté de la face, sur les pommettes (1).

Mais la véritable marque ethnique des Sara consiste, à ce qu'il me semble, dans l'habitude qu'ils ont de s'arracher deux des incisives supérieures; Nachtigal et M. Maistre mentionnent tous les deux cette mutilation. Parfois, au lieu d'arracher ces deux incisives, ils se contentent de les limer sur le côté comme leurs voisins les Arétou ; mais jamais ils ne les taillent en pointe, comme le font les populations du haut Congo.

Nachtigal signale un autre genre de mutilation en honneur chez deux tribus au moins du peuple qui nous occupe, les Sara-Dyak et les Sara-Koufou, habitant les vallées du Ba-Sako et de l'Aoukadebbé. Ces gens ont coutume, paraît-il, de se perforer les lèvres sur tout le pourtour de la bouche, et d'orner les trous ainsi faits de petits bâtonnets verticaux. Et-Tounsi rapporte également que les *Kara* (et par là il semble entendre les Sara) ont comme signe ethnique les deux lèvres percées.

Le costume des hommes est des plus simples et mérite pourtant d'être signalé, à cause de son étrangeté. Il n'est pas seulement porté par les Sara, mais se trouve aussi en usage chez les Toummok, les Gabéri et les Laka, c'est-à-dire jusqu'aux frontières de l'Adamaoua. « Ce vêtement, ou plutôt cet ornement, consiste en un petit tablier en cuir ou en peau de chèvre couvrant seulement la partie postérieure du corps, et fort utile pour les préserver de l'humidité quand ils veulent s'asseoir (2). »

Les gens riches et tous ceux qui se sont plus ou moins frottés aux musulmans ont un costume un peu plus compliqué : c'est une sorte de blouse, généralement assez ample, en cotonnade, provenant du Baguirmi, du Bornou ou du Haoussa. Mais ce n'est là qu'un vêtement de cérémonie, et encore ceux qui en sont revêtus continuent à porter dessous le tablier de cuir, qui est d'un usage universel (3).

Ce tablier de cuir, simplement attaché à la taille par un cordon de même matière, et qui renverse complètement par sa position les idées que nous avons sur l'habillement même le plus primitif, est en somme un vêtement très pratique pour le pays et le genre de vie des Sara.

Évidemment il protège peu contre le froid et ne semble pas tenir compte du tout de ce que nous appelons les règles de la pudeur. Si M. Bérenger était admis à l'honneur de faire partie des palabres sara, il présenterait sûrement un projet de loi tendant à faire porter le tablier en sens contraire. Mais le bassin du Chari ne connaît pas les basses températures, et les Sara ne sont pas assez avancés en civilisation pour se scandaliser d'un costume, ou plutôt d'une absence de costume, qui ne scandalise que des gens plus raffinés qu'eux et par conséquent plus vicieux. C'est après avoir péché qu'Adam s'aperçut qu'une feuille de vigne ne serait pas de trop dans son habillement.

Il y a beaucoup de marais dans le pays des Sara, et, à certaines époques de l'année, la terre est presque partout très humide. Le tablier des indigènes est une cloison

---

(1) Mohammed Ibn Omar Et-Tounsi, *Voyage au Ouadaï*.
(2) MAISTRE (*Tour du Monde*).
(3) Clozel, *loc. cit.*

étanche qui vient à propos s'interposer entre leur individu et l'humidité du sol, et c'est à ce modeste vêtement qu'ils doivent de ne pas connaître les rhumatismes.

Ce n'est pas tout. Les Sara sont cavaliers, et l'usage d'une selle leur semble aussi embarrassant qu'inutile : n'ont-ils pas le fameux tablier de cuir, qui ne les quitte jamais, qui fait pour ainsi dire partie intégrante de leur personne, et qui constitue à l'occasion une excellente selle, que l'on ne craint jamais de voir se dessangler ?

Les femmes ne font pas beaucoup plus de frais pour leur toilette que les hommes, mais on remarque cependant chez les dames sara cet élément de coquetterie qui, si primitif qu'il soit, constitue l'une des particularités inhérentes à l'éternel féminin. Leur vêtement se compose uniquement d'une ceinture, ornée de quelques franges qui retombent sur le devant du corps. Cette ceinture est en corde ou en cuir, et ces franges sont de petites ficelles que viennent enjoliver des perles en cuivre ou en fer de forme cylindrique, faites dans le pays. Derrière est une touffe de feuilles et, le plus souvent, rien.

Beaucoup de femmes d'ailleurs sont absolument nues, « et je m'empresse d'ajouter, dit à ce propos M. Maistre, que ce ne sont pas les moins honnêtes : il semble en effet qu'en Afrique la vertu des femmes soit en rapport avec l'exiguité de leur costume ».

La seule partie du corps où les Sara manifestent une véritable tendance à l'élégance un vrai désir de paraître beaux, c'est la chevelure. « Le mode de coiffure est assez varié : le plus souvent les cheveux sont coupés court ou même rasés ; mais quelquefois certaines parties de la tête seulement sont rasées, formant de petits dessins, cercles, raies, croix de Malte, etc. ; certains indigènes conservent aussi quelques petites mèches longues de trois ou quatre centimètres, soigneusement ficelées, de façon à leur donner la position verticale (1). »

Chez les femmes, la tête est rasée, sauf le sommet du crâne, qui ne garde qu'une sorte de calotte de cheveux en forme de cône.

Les huttes des Sara diffèrent notablement de celles de leurs voisins du sud-est, les Mandjia et les Ndri, et surtout des populations bantoues du bassin du Congo. Ces huttes sont très petites : les plus grandes n'ont guère que 2ᵐ50 de diamètre, si bien que le propriétaire, étant donnée la haute taille des Sara, a juste la place d'allonger son corps à l'intérieur de sa case. Elles affectent une forme circulaire et sont constituées par une sorte de cylindre formé de nattes de chaume juxtaposées ou de tiges de sorgho tressées, haut d'un mètre à 1ᵐ20. Une ouverture carrée pratiquée dans ce cylindre sert de porte. La hutte est surmontée d'un toit en chaume en forme de cône ou plutôt de cloche renversée. A l'intérieur se trouve le lit, posé juste au-dessus du foyer, à cinquante ou soixante centimètres du sol, et composé d'une estrade en branchages. A côté, quelques grandes jarres renfermant des provisions.

Les Sara sont avant tout un peuple d'agriculteurs. Les plantations s'étendent chez eux sur des kilomètres entiers, avec quelques groupes de cases éparpillées çà et là, et à peine visibles au milieu des vastes champs de sorgho rouge, de courges ou d'arachides. « Chaque groupe ne contient qu'une famille qui est séparée de ses voisins

------

(1) MAISTRE, *Tour du Monde*.

par cinquante ou soixante mètres de cultures ; une multitude de petits sentiers circulent en zigzaguant d'une case à l'autre (1). »

« Les grandes cultures sont possédées à titre collectif par les habitants d'un même groupe de villages. Leurs délégués, des vieillards, généralement, sont chargés du partage et fixent le prélèvement à effectuer sur la part de chacun en vue de constituer une réserve pour les semences, les cas de disette, les départs forcés en cas de guerre, etc. (2). »

Les sorciers ont chez les Sara une grande influence. On vient les consulter au sujet de l'issue des maladies, du résultat d'une bataille, de la durée de la sécheresse, etc. L'augure alors prend un poulet, le tue en lui arrachant la tête, et jette le corps devant lui : si l'animal tombe sur le ventre ou sur le dos, le présage est favorable ; mais s'il tombe sur le flanc, le présage est défavorable (3).

Chez les Sara existe cette coutume répandue dans presque toute l'Afrique et qui consiste à attribuer toute mort non prévue à l'influence occulte et criminelle d'un ennemi du défunt : l'individu soupçonné d'être l'auteur de cette sorte d'envoûtement, accusé de sorcellerie, est immédiatement mis à mort. Cela a lieu presque toutes les fois que quelqu'un meurt d'autre chose que de vieillesse, surtout si c'est un chef ou un personnage notable. Voici comment on procède chez les Sara pour découvrir le prétendu coupable. « La révélation se fait par l'entremise d'une bottelette d'herbe sainte placée sur la tête d'un devin qui, tout en tremblant et agitant le chef, se tourne de côté et d'autre, jusqu'à ce que le faisceau d'herbes tombe sur le criminel présumé, lequel subit aussitôt son sort (4). »

J'ai dit un mot déjà des rapports qu'avait constatés Nachtigal entre les *Sara* et les *Baguirmiens*, rapports plus étroits que ceux existant entre ces derniers et les autres tribus fétichistes du haut Chari.

Les habitants septentrionaux du territoire de *Sokoro*, au nord-est de Massénya, sont également très proches parents des Sara et des Baguirmiens (5). On rencontrerait encore la même race, d'après Barth, chez les indigènes de *Kenga*, à l'extrémité nord-orientale du Baguirmi, et chez les *Kouka* riverains du lac Fitri, qui dépendent du Ouadaï.

Si nous regardons au sud du Baguirmi, il semble que les différentes tribus qu'on y rencontre, *Gabéri*, *Somraï*, *Toummok*, *Boua*, *Laga* ou *Laka*, etc., ne présentent, entre elles et avec les Sara que de légères différences (6). Le tablier de cuir se rencontre chez les Toummok, chez les Gabéri, et jusque sur le plateau de Laka, à la frontière orientale de l'Adamaoua.

D'autre part les Bina, qui confinent à la partie sud-ouest du territoire sara, ne ressembleraient, par la langue, l'habillement et les mœurs, ni au Sara, ni aux

---

(1) CLOZEL, *loc. cit.*
(2) P. BRUNACHE, *op. cit.*
(3) NACHTIGAL, *Sahara und Sudan.*
(4) NACHTIGAL, *Tour du Monde, loc. cit.*
(5) NACHTIGAL, *Sahara und Sudan.*
(6) *Ibidem.*

Gabéri, ni aux Baï (1). C'est donc à peu près en cet endroit que se trouve la limite occidentale du groupe.

Quant aux *Arétou* ou *Rotou*, voisins méridionaux des Sara, ils ont comme ceux-ci l'habitude de se perforer les lèvres, au moins la lèvre supérieure.

A partir de cette tribu, il semble que le changement soit plus considérable. Nous arrivons à une série de tribus comprises entre le Gribingui et le coude de l'Oubangui, les *Akounga*, les *Aouaka*, les *Mbaya*, les *Ouia-Ouia* ou *Aouia*, les *Mandjia*, les *Ndri* ou *Ndi*, les *Togbo*, les *Dakoa*, les *Ngapou*, les *Langouassi*, les *Ouadda*, qui se ressemblent plus ou moins par la langue, qui comprennent toutes la langue ndri, mais dont les idiomes (ce dernier entre autres) semblent différer notablement du sara.

------

(1) NACHTIGAL, *Sahara und Sudan*.

DEUXIÈME PARTIE

LA LANGUE SARA

§ 1. — Comment j'ai pu donner une grammaire et un vocabulaire de la langue sara.

J'ai dit déjà, dans l'introduction qui précède cette étude, comment M. Dybowski m'avait fourni l'occasion d'étudier la langue *sara*, en me permettant de recueillir de la bouche du jeune Ali tout ce qu'il se rappelait du parler maternel.

Ce ne fut pas chose aisée, et je dois avouer qu'au début je fus bien près de me décourager. Ali ne se rappelait presque rien, et ses quelques souvenirs étaient fort confus. Ayant quitté très jeune le pays *sara* pour passer aux mains des musulmans, il avait peu à peu désappris sa langue pour parler celle des divers pays qu'il avait traversés, et surtout pour apprendre le français.

De temps en temps un mot *sara* lui revenait à la mémoire, puis c'était un mot *ndri*, un mot *banziri*, ou même un mot arabe. Mais ce n'étaient là que des bribes insuffisantes et confuses. Les termes les plus usuels eux-mêmes avaient disparu de sa mémoire. Je crus un moment qu'il me faudrait renoncer à la tâche que je m'étais imposée de reconstituer la langue *sara*.

Sur ces entrefaites, Ali me communiqua un papier où une parente de M. Dybowski avait recueilli, dès l'arrivée en France du jeune noir, un certain nombre de mots *sara*, alors que, ne sachant pas encore bien le français, Ali se rappelait mieux sa langue maternelle.

Ce papier fut une révélation. Au premier coup d'œil je m'aperçus de l'étroite ressemblance qu'il y avait entre les mots dictés par Ali et les mots correspondants du vocabulaire baguirmien donné par Barth (1). J'en savais assez déjà pour affirmer que le *sara* était, sinon un dialecte de la langue baguirmienne, au moins une langue très voisine de cette dernière.

Je retournai voir Ali, muni des vocabulaires de Barth, et je lui récitai la numération baguirmienne. Ali écouta, très surpris ; il réfléchit longuement, parut chercher dans sa mémoire de vieux souvenirs effacés, et me dit : « C'est *presque* du sara. » Puis,

---

(1) H. BARTH, *Sammlung und Bearbeitung Central-Afrikanischer Vocabularien*. Gotha, 1866, in-4.

tout d'un coup, et sans hésiter, il se mit à compter en *sara*, depuis un jusqu'à vingt.

Je continuai la méthode qui m'avait si bien réussi du premier coup. Je disais à Ali les mots baguirmiens, et il les rectifiait, me donnant les mots *sara* correspondants.

Parfois, cependant, la mémoire lui faisait défaut et il ne pouvait me donner le terme *sara*.

Mais peu à peu, à force de prononcer des mots en sa langue maternelle, il se rappelait cette langue, et à la fin, il était arrivé à la parler presque couramment. Et c'était même un phénomène psychologique bien intéressant et bien curieux que ce jeune nègre, ayant oublié à peu près totalement son parler maternel, et le réapprenant, pour ainsi dire, à l'aide d'une langue voisine.

Et je suis arrivé ainsi à constituer un vocabulaire d'environ 500 mots et les éléments d'une grammaire, plus un certain nombre de phrases. C'est peu assurément : mais vu l'ignorance à peu près complète où l'on était de la langue *sara*, je crois que ce résultat est appréciable.

§ 2. — Caractères généraux de la langue sara.

Dans un travail sur la langue dahoméenne (1), je disais que l'on peut, pour faciliter la classification des langues, et surtout pour pouvoir définir en quelques mots le caractère général d'une langue, dire que tout idiome est :

1° *juxtaposant* ou *affixant* ;

(c'est-à-dire formant ses mots composés par une simple juxtaposition de radicaux, ou par l'emploi de préfixes et de suffixes) ;

2° *additif* ou *flexatif* ;

(c'est-à-dire indiquant les différences de nombre, de temps, de mode, etc., par l'addition d'affixes particuliers, ou par la modification intérieure du mot) ;

3° *sexuel* ou *asexuel* ;

(c'est-à-dire ayant la distinction des genres ou ne l'ayant pas).

Dans cet ordre d'idées, on peut définir le français, par exemple, en disant qu'il est en général une langue affixante, flexative et sexuelle.

Le *sara*, au contraire, est une *langue juxtaposante, additive et asexuelle*.

Les mots composés, en effet, se forment par simple juxtaposition des radicaux : *ñgaba* mâle, *zi* main, *ñgabazi* (mâle de la main) doigt : *debë* homme, *udu* prendre, *kazë* poisson, *debudukazë* (homme qui prend du poisson) pêcheur, etc.

Le pluriel et les temps des verbes se forment en ajoutant une simple particule au radical, qui reste invariable : *madu* un singe, *madage* des singes ; *m usa* je mange, *m ak usa* je suis en train de manger, *m usa ndega* j'ai mangé, *m usa ñgena* je mangerai, etc.

Enfin la distinction des genres n'existe pas : *ne* veut dire à la fois « lui » et « elle » ; *kü* signifie en même temps « frère » et « sœur ». Si l'on veut préciser le sexe, il faut

---

(1) Maurice Delafosse, *Manuel dahoméen*, Paris, 1894, in-18 (Leroux, éditeur).

ajouter au substantif l'un des mots *ñgaba* « mâle » et *manda* « femelle » : *mönöñgaba* garçon, *mönömanda* fille, etc. (1).

Les mots primitifs sont tantôt monosyllabiques et tantôt dissyllabiques ; ceux-ci paraissent former la majorité. Mais dans beaucoup d'entre eux la voyelle finale est presque muette, et il est très probable que, en *sara* comme dans la plupart des langues, dans toutes peut-être, les radicaux sont des monosyllabes. Cependant, dans l'état actuel où se trouve la langue *sara*, on ne peut la faire rentrer parmi les langues dites monosyllabiques.

Je crois pouvoir dire, autant que me le permet le champ très restreint de mes investigations, que la langue *sara* est pauvre en mots abstraits et qu'elle serait assez impropre à exprimer beaucoup de nos idées européennes. Mais elle ne semble pas réfractaire à tout développement, et, si primitive qu'elle soit, elle suffit largement à rendre les pensées du peuple qui la parle. Il est hors de doute que, lorsque la civilisation aura pénétré chez ce peuple, sa langue s'enrichira et prendra une extension plus grande.

Le *sara*, riche en voyelles, sobre de consonnes dures et dépourvu de lettres chuintantes, est très harmonieux et très agréable à l'oreille. Il possède une sonorité et une précision de sons qui le rendent très propre à l'art oratoire, si en honneur parmi les nègres.

§ 3. — Alphabet adopté.

Il est impossible de rendre avec les lettres de notre alphabet, au moins en leur conservant la prononciation qu'elles ont chez nous, les diverses articulations de la langue sara, pour la raison bien simple que quelques-unes de ces articulations, notamment la *jota* espagnole, n'existent pas en français. De plus il est toujours mauvais de s'obliger à employer plusieurs lettres pour rendre un seul son ou une seule articulation.

D'autre part les systèmes qui consistent à employer des signes diacritiques ou des lettres étrangères sont défectueux à plus d'un égard : s'ils facilitent l'exactitude phonétique, ils sont d'un très difficile emploi pour l'étude pratique d'une langue. Or, comme par suite des progrès constants de l'influence française dans l'Afrique Centrale, il arrivera un jour, très prochain je l'espère, où l'on se mettra à étudier le *sara*, le baguirmien et les autres langues de la même famille, il m'a paru nécessaire de doter cet idiome, dépourvu actuellement de tout alphabet indigène ou autre, d'un système d'écriture à la fois exact et commode. Pour cela je me suis servi uniquement de caractères appartenant à l'alphabet latin, en donnant seulement à quelques-uns d'entre eux une prononciation différente de celle qu'ils ont chez nous. J'ai introduit dans mon alphabet le tille espagnol, qu'on rencontre d'ailleurs dans les vieux ouvrages français, pour représenter le son *gn* du mot « digne » et les voyelles nasales ; j'ai employé aussi la lettre *ü* pour représenter l'*u* adouci allemand, ou l'*u* français.

Cet alphabet, simplifié ainsi autant que possible, se compose de huit voyelles simples, de trois voyelles nasales, de dix-sept consonnes simples et de deux consonnes doubles.

---

(1) Les mots *biga* « père » et *yana* « mère » font seuls exception.

Voyelles simples. — Ce sont, dans l'ordre de la prononciation :

i, e, a, ȯ, o, ó, u, ü.

i se prononce comme en français.

e se prononce comme l'*é* français dans «été».

a se prononce comme en français.

ȯ se prononce comme un *o* très ouvert, plus ouvert que dans « mort, port », à peu près comme *aw* dans les mots anglais *law, dawn* : c'est la voyelle intermédiaire entre l'*a* et l'*o* proprement dit.

o se prononce comme l'*o* des mots français « pot, sot ».

ó se prononce comme un *o* très fermé, plus fermé que dans les mots « hôte, côte », à peu près comme l'*o* final des mots portugais *oro, obrigado* : c'est presque le son « ou » ; c'est la voyelle intermédiaire entre l'*o* proprement dit et ce son « ou ».

u se prononce comme « ou » dans les mots français « chou, sou ».

ü se prononce comme notre *u* français.

Souvent en *sara* les voyelles finales sont excessivement brèves ; on pourrait même ne pas les prononcer, et elles disparaissent parfois, dans les mots composés ; comme ce cas n'est pas constant, et que beaucoup de voyelles finales conservent au contraire toute leur valeur, j'ai distingué les voyelles semi-muettes par le signe ◡ qui marque la brièveté. Ainsi les mots *debă* homme, *mónŏ* enfant, devront se prononcer presque *deb, mòn,* en faisant à peine sentir la voyelle finale. Au pluriel on pourrait dire et écrire : *deb ge, mòn ge.*

Voyelles nasales. -- Ce sont :

ã, ẽ et *õ.*

ã se prononce comme « an » dans les mots français « pan, sang ».

ẽ ne doit pas se prononcer comme « en » dans « dent » ni comme « en » dans « rien » : c'est une articulation qui n'existe pas en français, et que l'on rendra en nasalisant le son de l'*é* fermé.

õ se prononce comme « on » dans les mots « mon, ton, son ».

Consonnes simples. — Ce sont :

b, d, f, g, h, k, l, m, n, ñ, p, r, s, t, w, y, z.

Les consonnes *b, d, f, k, p, z* se prononcent comme en français, sans que leur emploi donne lieu à aucune observation.

g a toujours le son dur du g français devant a, o, u ; les syllabes *ge, gi* devront donc se prononcer comme les mots français « gué, gui », et non pas « jé, ji ». D'ailleurs je puis dire ici, une fois pour toutes, qu'on devra toujours donner à chaque lettre, voyelle ou consonne, sa valeur alphabétique, quelle que soit sa place dans le mot

h représente à peu près la *jota* espagnole ou le ζ des Arabes, que nous transcrivons par *kh* ; cette articulation se rencontre également en allemand (*ch* dans *machen*), en russe et dans un grand nombre de langues africaines et asiatiques. On obtiendra facilement la prononciation de cette consonne en exécutant une sorte de raclement du gosier analogue à celui que l'on fait souvent avant de cracher.

l a toujours la valeur de notre l français dans « le, la, les » ; il n'est jamais mouillé (Voir cependant la consonne double *gl*).

m et *n* doivent toujours se prononcer comme les consonnes correspondantes des mots « mère, nu » ; ces lettres ne donnent jamais le son nasal à la voyelle qui les précède : ainsi les mots *tarambi* pavillon de l'oreille, *manda* femelle, *sunda* cheval, etc., doivent se prononcer *tara-mbi*, *ma-nda*, *sou-nda* ; on a vu plus haut la façon de rendre les voyelles nasales.

ñ se prononce comme l'articulation « gn » dans les mots « digne, gagner ».

r ne doit pas se prononcer comme notre r roulé ; il faut le grasseyer à la façon de certains Parisiens ; c'est à peu près le غ des Arabes que nous transcrivons par *rh* ou par *gh*.

s se prononce toujours comme ç ou comme l's des mots « savoir, sûr », et non pas comme l's doux des mots « maison, raison ».

t a toujours la prononciation dure du t des mots « terre, tour » ; il n'a jamais la prononciation sifflante du t des mots « action, minutie. »

w se prononce comme le w anglais dans *water*, *wine*, ou comme l' « ou » des mots français « oui, ouate ».

y a le son de l'y des mots « payer, Bayonne » ou de l'ï du mot « faïence » ; ainsi le mot *way* « sable » doit se prononcer exactement comme le mot français « ouaille ».

Consonnes doubles. — Bien que j'aie voulu représenter chaque articulation par une seule lettre, il m'a semblé indispensable de choisir deux consonnes doubles pour représenter deux articulations particulières à la langue *sara* et à quelques autres langues africaines et qui sont effectivement des articulations doubles. Ce sont :

gl et *ñg.*

gl doit se prononcer comme un l légèrement mouillé précédé d'un son intermédiaire entre le g dur ordinaire et l'r gras. Mais la prononciation de ce g est à peine distincte et l'on pourrait, je crois, être compris en ne prononçant que l'l. Cette articulation *gl* rappelle à certains égards le *gl* italien des mots *figlio*, *veglio*.

ñg doit se prononcer en faisant précéder le g d'une articulation nasale mal définie qu'on obtient en ouvrant la bouche et en faisant agir les fosses nasales. Il ne faut pas articuler distinctement la lettre *ñ*, il faut plutôt l'esquisser.

Accentuation. — Il existe en *sara* un accent tonique qui porte comme en français sur la dernière syllabe sonore du mot. Les voyelles brèves marquées du signe ◡ ne peuvent évidemment pas porter l'accent (1).

---

(1) « Il y a un accent et même un accent tonique qui, joint aux longues et aux brèves très marquées, ainsi qu'aux voyelles nombreuses et sonores, donne au *sara* parlé les apparences des langues de l'Europe méridionale, l'italien, l'espagnol et le portugais. » (Note de M. CLOZEL).

§ 4. — Le nom.

Absence d'articles. — Il n'y a, en *sara*, ni article défini, ni article indéfini, ni article partitif : *biya* veut dire à la fois « père, le père » et « un père » ; *manö* veut dire « l'eau » et « de l'eau ».

Rapport de possession. — Lorsque deux noms dépendent l'un de l'autre, le rapport de dépendance ou de possession se marque simplement par la juxtaposition des deux noms, qui se mettent dans le même ordre qu'en français : l'objet possédé ou dépendant, le premier, l'objet possesseur le second. Exemples : *toho* bateau, *kökaglë* chef : *toho kökaglë* le bateau du chef.

debë homme, *koyo* mort (s. f.) *debë koyo* (homme de la mort) un cadavre, un mort.

kami œil, *bundu* fusil : *kami bundu* ou *kambundu*, une cartouche (m. à m. un œil de fusil).

kuzu maison, *kaga* bois : *kuzu kaga*, une maison de bois.

Genre. — Le mot *biya* « père » est le seul qui ait un féminin : *yana* « mère ». Les autres noms s'emploient indifféremment pour les deux sexes. Cependant, si l'on veut préciser le sexe d'un être humain, on ajoute au substantif le mot *ñgaba* « mâle » pour le masculin et le mot *manda* « femelle » pour le féminin :

debë ñgaba ou simplement *ñgaba*, l'homme, le mari (*vir*) ; *debë manda* ou simplement *manda*, la femme. (Le mot *debë* (*homo*) signifie un être humain, de n'importe quel sexe).

mönö enfant : *mönö ñgaba* garçon, *mönö manda* fille.

Pour les animaux, on forme le féminin en faisant précéder le nom du mâle du mot *mba* qui a le même sens que *manda* :

sunda cheval, *mba sunda* jument ; *bisë* chien, *mba bisë* chienne.

Nombre. — Le pluriel des noms s'exprime en *sara* en ajoutant au mot singulier la particule *ge*. Si le mot se termine par une voyelle brève, on retranche cette voyelle avant d'ajouter *ge* :

kuya un couteau, *kuya ge* des couteaux ;

belë un esclave, *bël ge* des esclaves.

L'emploi du pluriel est moins commun en *sara* qu'en français. Ainsi très souvent, lorsque le substantif est employé avec une idée de collectivité, on le laisse au singulier. On dira ainsi *kazë* au lieu de *kaz ge* « des poissons, un nombre quelconque de poissons » ; *kaz ge* s'emploiera si l'on veut déterminer le nombre ou la qualité des poissons. C'est à peu près la même différence qu'entre les expressions françaises « du poisson » et « quelques poissons. »

Si le nom est déterminé par un mot qui renferme en lui l'idée de pluralité, par exemple un nombre ou un adverbe de quantité, on supprime la particule *ge* :

kuzu une hutte, *kuzu ge* des huttes ;

kuzu muta trois huttes, *kuzu baha* beaucoup de huttes.

§ 5. — Conjugaison.

Pronoms personnels. — Les pronoms personnels, en *sara*, comme dans la plupart des langues africaines, revêtent une forme particulière suivant qu'ils sont isolés, sujets du verbe ou régimes. Voici le tableau de ces différentes formes :

	PRONOMS ISOLÉS	PRONOMS SUJETS	PRONOMS RÉGIMES
Singulier. — 1re pers.	*ma*	*m, kam* ou *ma*	*ma*
2e pers.	*yi*	*i, y* ou *ik*	*yi*
3e pers.	*nĕ*	*n*	*nyinĕ*
Pluriel. — 1re pers.	*zĕ*	*z*	*zĕ*
2e pers.	*sĕ*	*s*	*sĕ*
3e pers.	*zi*	*z*	*zi*

On voit par ce tableau que le pronom sujet de la première personne du pluriel et celui de la troisième personne du même nombre sont identiques, la voyelle qui sert à les différencier ayant disparu. On voit aussi que les pronoms régimes sont semblables aux pronoms isolés, exception faite pour la troisième personne du singulier.

Conjugaison affirmative. — La conjugaison *sara* comprend trois modes : l'impératif, l'infinitif et un mode commun qui tient lieu à la fois d'indicatif, de subjonctif et de conditionnel. Ce mode commun a quatre temps : le premier, que j'appellerai « aoriste », est le radical même du verbe ; le second ou « présent », est le radical du verbe précédé de l'auxiliaire *ak*, abréviation du verbe *aka* « voir » ; le troisième, ou « prétérit », est le radical du verbe suivi du mot *ndega* ; le quatrième, ou « futur », est le radical du verbe suivi du mot *ñgena*.

On voit que, dans toute la conjugaison, le radical du verbe reste invariable ; les particules susmentionnées servent à indiquer les temps, les pronoms sujets servent à indiquer les personnes et les nombres.

Je donne ici la conjugaison d'un verbe commençant par une voyelle. Nous verrons ensuite que la conjugaison des verbes commençant par une consonne offre quelque différence.

CONJUGAISON DU VERBE *usa* « manger ».

Aoriste

« Je mange » ou « je mangeais ».

Singulier. — 1re pers.	*m usa*	Pluriel. — 1re pers.	*z usa*
2e pers.	*y usa*	2e pers.	*s usa*
3e pers.	*n usa*	3e pers.	*z usa*

Présent

« Je suis en train de manger ».

Singulier. — 1re pers. *m ak usa*   Pluriel. — 1re pers. *z ak usa*
　　　　　　2e pers. *ik ak usa*   　　　　　2e pers. *s ak usa*
　　　　　　3e pers. *n ak usa*   　　　　　3e pers. *z ak usa*

Prétérit

« J'ai mangé »

Singulier. — 1re pers. *m usãdega* (pour *m usa ndega*)
　　　　　　2e pers. *y usãdega* (pour *y usa ndega*)
　　　　　　3e pers. *n usãdega* (pour *n usa ndega*)
Pluriel. — 1re pers. *z usãdega* (pour *z usa ndega*)
　　　　　2e pers. *s usãdega* (pour *s usa ndega*)
　　　　　3e pers. *z usãdega* (pour *z usa ndega*)

Futur

« Je mangerai »

Singulier. — 1re pers. *m usãgena* (pour *m usa ñgena*)
　　　　　　2e pers. *y usãgena* (pour *y usa ñgena*)
　　　　　　3e pers. *n usãgena* (pour *n usa ñgena*)
Pluriel. — 1re pers. *z usãgena* (pour *z usa ñgena*)
　　　　　2e pers. *s usãgena* (pour *s usa ñgena*)
　　　　　3e pers. *z usãgena* (pour *z usa ñgena*)

Impératif

« Mange »

Singulier. — 2e pers. *usa*
Pluriel. — 1re pers. *zë z usa*
　　　　　2e pers. *së s usa*

Infinitif

usa manger

Verbes commençant par une consonne. — La conjugaison des verbes commençant par une consonne n'est pas absolument semblable à celle que nous venons de voir. Le présent est le même ; mais les pronoms de l'aoriste, du futur et du prétérit, se trouvant devant une consonne, subissent quelques modifications.

Ordinairement on conjugue sur le modèle suivant :

Tubo « rire »

Aoriste. — Sing. 1ᵉ pers.   *ma tubo* ou *kam tubo*
            2ᵉ   pers.   *i tubo* ou *yi tubo*
            3ᵉ   pers.   *n tubo* ou *ñe tubo*

     Plur. 1ᵉ pers.   *z tubo* ou *ze tubo*
            2ᵉ   pers.   *s tubo* ou *se tubo*
            3ᵉ   pers.   *z tubo* ou *zi tubo*

Prétérit : ma tubõdega, etc.   *Futur : ma tubõgena*, etc.

La forme *kam* pour la 1ʳᵉ personne du singulier ne s'emploie qu'à l'aoriste. Les autres s'emploient pour les trois temps.

Remarque. — La voyelle finale des verbes, devant les terminaisons *ndega* du prétérit et *ñgena* du futur, donne lieu à quelques observations. Les voyelles *a*, *e* et *o* s'amalgament, pour ainsi dire, avec la consonne *n* ou *ñ* pour donner les nasales *ã*, *ẽ* et *õ* ; ainsi *ga* « vouloir » donne *ma gãdega* « j'ai voulu », *ma gãgena* « je voudrai : » *udö* « aller en guerre » donne *m udödega* et *m udögena* (1) ; *zele* « savoir » donne *ma zelẽdega* et *ma zelẽgena*.

Quant aux voyelles *i* et *u*, qui n'ont pas de nasales correspondantes, elles ne subissent aucun changement, et l'*n* ou le *ñ* subsistent. Ainsi *bi* « dormir » donne *ma bi ndega* et *ma bi ñgena* ; *ku* « appeler donne *ma ku ndega* et *ma ku ñgena*.

Signification et emploi des temps. — L' « aoriste » remplace à la fois notre présent d'habitude et notre imparfait, quelquefois même notre passé indéfini. On l'emploie toutes les fois que le temps où se passe l'action n'est pas bien déterminé, c'est-à-dire lorsque rien n'indique que l'action soit présente, passée ni future, au sens absolu de ces mots. Ainsi on traduira par l'aoriste les verbes des phrases suivantes : les chevaux mangent de l'herbe, *sunda ge z usa ñgele* (2) ; il dormait, *n bi*, etc.

Le « présent » s'emploie pour les actions qui se font au moment même où l'on parle : *sunda ge z ak usa ñgele* signifie, non pas « les chevaux ont l'habitude de manger de l'herbe », comme la phrase précédente, mais « les chevaux sont en train de manger de l'herbe ».

Le « prétérit » s'emploie pour une action complètement finie : *m usõdega* signifie « j'ai mangé », avec le sens précis de « j'ai fini de manger ».

Le « futur » remplace à la fois notre futur français, notre conditionnel présent, et le présent du subjonctif. Quant au futur antérieur, au conditionnel passé, et aux passé et plus-que-parfait du subjonctif, on les rend généralement par le prétérit, quelquefois par l'aoriste. L'imparfait du subjonctif se rend par le futur, s'il a une signification future, et par l'aoriste s'il a une signification passée.

---

(1) Les voyelles *õ*, *ã* et *ö* se transforment indistinctement en *õ*.
(2) On voit par cet exemple que le pronom sujet fait partie intégrante de la conjugaison et qu'il subsiste toujours, même lorsqu'on a un nom comme sujet de la phrase.

L'« impératif » s'emploie en *sara* dans les mêmes cas qu'en français.

Il en est de même pour l'« infinitif ». Cependant ce dernier peut aussi se remplacer par un temps personnel. Ainsi « je veux manger de la viande » peut se dire : *ma ma usa za* (1) ou bien *ma ma m usa za* (je veux je mange de la viande) ;

je vois venir le cheval, *m ak wa sunda abë* ou bien *m ak wa sunda n ak abë* (je vois le cheval il vient), etc.

Le participe actif (participe présent) n'existe pas, et se rend par le temps personnel convenable : « je l'ai vu en venant » se tourne « je venais, je l'ai vu », *m abë, ma wadega nyinë*, etc.

Conjugaison interrogative. — La conjugaison interrogative n'est autre que l'affirmative précédée de la particule *ba* « est-ce que? » On dira donc,

<table>
<tr><td>A l'aoriste :</td><td>Au présent :</td></tr>
<tr><td>ba m usa ?</td><td>ba m ak usa ?</td></tr>
<tr><td>ba y usa ?</td><td>ba ik ak usa ?</td></tr>
<tr><td>ba n usa ? etc. ;</td><td>ba n ak usa ? etc.,</td></tr>
</table>

et ainsi de suite pour les différents temps.

Souvent on supprime la particule *ba*, et l'intonation seule de la phrase suffit à se faire comprendre ; on dira ainsi : *y usadega?* « tu as mangé ? »

Conjugaison négative. — La négation en *sara* est *ñge*. Cette particule s'ajoute à la fin du verbe, en donnant lieu aux mêmes phénomènes que les particules du prétérit et du futur, c'est-à-dire que *a, e* et *o* devant *ñge* deviennent *ä, ë* et *ö* et que le *ñ* disparaît. Le prétérit ne prend pas la forme négative ; on le remplace alors par l'aoriste. Voici la conjugaison du verbe *usäge* « ne pas manger », mis pour *usa ñge* :

<table>
<tr><td colspan="2">Aoriste et prétérit.</td><td colspan="2">Présent.</td></tr>
<tr><td>Singulier. —</td><td>1re pers. m usäge</td><td>Singulier. —</td><td>1re pers. m ak usäge</td></tr>
<tr><td></td><td>2e pers. y usäge</td><td></td><td>2e pers. ik ak usäge</td></tr>
<tr><td></td><td>3e pers. n usäge</td><td></td><td>3e pers. n ak usäge</td></tr>
<tr><td>Pluriel. —</td><td>1re pers. z usäge</td><td>Pluriel. —</td><td>1re pers. z ak usäge</td></tr>
<tr><td></td><td>2^e pers. s usäge</td><td></td><td>2^e pers. s ak usäge</td></tr>
<tr><td></td><td>3^e pers. z usäge</td><td></td><td>3^e pers. z ak usäge</td></tr>
</table>

<table>
<tr><td colspan="2">Futur.</td></tr>
<tr><td>Singulier. —</td><td>1re pers. m usägenäge</td><td>(pour m usa ñgena ñge)</td></tr>
<tr><td></td><td>2e pers. y usägenäge</td></tr>
<tr><td></td><td>3e pers. n usägenäge</td></tr>
<tr><td>Pluriel. —</td><td>1re pers. z usägenäge</td></tr>
<tr><td></td><td>2e pers. s usägenäge</td></tr>
<tr><td></td><td>3e pers. z usägenäge</td></tr>
</table>

---

(1) « Vouloir » se dit *ma*.

Impératif

Singulier. — 2ᵉ pers.   *usãge*   Pluriel. — 1ᵉ pers.   *zé : usãge*
                                                    — 2ᵉ pers.   *sé s usãge*

Infinitif

usãge.

Pour les verbes terminés par *i* ou *u*. on ajoute simplement le mot *ãge* : ainsi on a *bi ãge* « ne pas dormir », *ku ãge* « ne pas appeler », etc.

Voix passive. — Le passif des verbes s'obtient en ajoutant au radical du verbe actif la particule *ãga*, qui donne lieu aux mêmes observations que la négation *ãge*. « Être mangé » se dira donc *usãga* (pour *usa ãga*), « être su » *zelãga* (pour *zele ãga*), « être écouté » *wãga* (pour *wo ãga*) ; « être donné » *ali ãga*, « être appelé » *ku ãga*.

Ces verbes passifs se conjuguent comme les verbes actifs correspondants, en ajoutant toujours *ãga* :

m usãga, m ak usãga, m usãdegãga, m usãgenãga, usãga : — kam ku ãga, m ak ku ãga, ma ku ndegãga, ma ku ãgenãga, ku ãga, etc.

La forme négative du passif s'obtiendra en ajoutant encore la particule *ãge* :

m usãgãge, m ak usãgãge, m usãdegãgãge, m usãgenãgãge, usãgãge, etc. ; *kam ku ãgãge, m ak ku ãgãge, ma ku ndegãgãge, ma ku ãgenãgãge, ku ãgãge,* etc. (1).

Voix pronominale. — La voix pronominale, lorsqu'il n'existe pas de verbe simple pour traduire le verbe pronominal français, s'obtient par une simple traduction : « je me tue » se traduira comme s'il y avait « je tue moi », *ma ga ma* ; « il se tue », *nga nginã*, etc.

Verbe être. — Le verbe « être » servant de lien entre le sujet et l'attribut n'existe pas en *sara*. On fait suivre simplement le sujet de son attribut, et si le sujet est un pronom, on emploie le pronom isolé. Exemples :

je suis grand, *ma ãnga* (moi grand) ;	nous sommes noirs, *zé ili* ;
tu es petit, *yi mönö* (toi petit) :	vous êtes rouges, *sé arö* ;
il est blanc ou elle est blanche, *nö zaha :*	ils sont vieux, *zi ezö.*

« L'éléphant est grand » se dira *kezö ãnga* (éléphant grand) ou *kezö nö ãnga* (éléphant lui grand).

L'expression « c'est » se rend par *yi*, que l'on place devant le nom : c'est de l'eau, *yi manö* ; ce sont des éléphants, *yi kez ge*. Devant un adjectif, on ne traduit pas cette expression :

c'est bon, *nyele* ; c'est tout noir, *ili miglimigli.*

---

(1) Le mot *usãga*, en même temps que « être mangé », signifie « mangé ». On a ainsi en *sara* un participe passif, qui se forme en ajoutant *ãga* à l'infinitif de la voix active.

Pour la traduction du verbe « être » marquant la possession, voyez le verbe « avoir » au paragraphe suivant.

Verbe avoir. — Le verbe « avoir » se rend par le verbe *tu* qui signifie proprement « être, appartenir » et que l'on fait précéder des pronoms possessifs. On a ainsi :

ama tu, j'ai (m. à m. à moi est) ;	*azĕ tu*, nous avons ;
ayi tu, tu as ;	*asĕ tu*, vous avez ;
anyinĕ tu, il ou elle a ;	*azĭ tu*, ils ou elles ont.

« J'ai un chien » se dira *ama tu bisĕ* (à moi est un chien) ; le chef a des esclaves, *kökaglĕ anyinĕ tu bel ge* (le chef à lui sont des esclaves), etc.

« C'est à moi » se dira de même *ama tu ñge* (à moi cela) ; c'est à toi, *ayi tu ñge* ; etc. ; ce n'est pas à lui, *anyinĕ tu ñge ñge* ; ce n'est pas à nous, *azĕ tu ñge ñge*, etc.

Ce cheval est à moi, *ama tu sunda ñge* ; ces couteaux ne sont pas à toi, *ayi tu ñge kuya ge ñge* ; ce sabre est au roi, *kökaglĕ anyinĕ tu miña ñge* ; cette marmite n'est pas à la femme, *manda anyinĕ tu ñge gudo ñge*.

A qui est cet esclave ? *anañga tu belĕ ñge ?*

« Avoir » signifiant « tenir à la main, porter sur soi », sans idée de possession, se dit *ñgiñga* : il avait un couteau et des flèches, *nĕ ñgiñga kuya balĕ kura ge balĕ.*

« Il y a » se traduit par le mot *yi* que nous avons vu tout à l'heure, et qui signifie aussi « c'est », « voici ».

Syntaxe des verbes. — La syntaxe des verbes est très simple, puisque la conjugaison ne renferme à proprement parler qu'un mode et que le radical reste invariable.

Si le sujet du verbe est un pronom, le pronom sujet placé devant le verbe *sara* suffit à indiquer la personne ; cependant on peut le faire précéder du pronom isolé pour renforcer l'expression : ainsi on dira *ma m usa nĕ n bi* « moi je mangeais, lui il dormait ».

Si le sujet est un nom, il faut conserver quand même le pronom sujet : le chef viendra, *kökaglĕ n abĕgena.*

On place toujours le sujet avant le verbe et le complément après (1) : il a tué un singe, *nĕ gŏdega mada* ; il l'a tué, *nĕ gŏdega nyinĕ* ; il m'a donné de la viande, *n adĭ ndega ma za.*

On a vu plus haut les pronoms régimes ; on peut voir par l'exemple précédent que ces pronoms sont les mêmes pour le régime direct et pour le régime indirect. La préposition « à », indiquant le datif, ne se traduit pas : je lui donnerai une poule, *m adĭ ñgena nyinĕ kuza* ; l'esclave apporte de l'eau au chef, *belĕ n ak disiya manĕ kökagle.*

§ 6. — **Noms de nombre.**

Les *Sara* ont la numération décimale, mais il est très probable que cette numération a été primitivement quintale, comme dans la plupart des langues nègres.

---

(1) Sauf pour le verbe *tu* « appartenir », qui doit être suivi de l'objet possédé, comme on vient de le voir.

On trouve encore un reste de cette numération primitive dans les nombres *miga* «six», *marta* « huit » et *dösö* «neuf», qui ont dû être autrefois *mi-kede*, *mi-muta* et *mi-sö*, « cinq-un, cinq-trois, cinq-quatre ».

Les noms de nombre se mettent après le mot qu'ils déterminent. De plus, et d'après une règle énoncée plus haut, comme ils renferment une idée de pluralité, on n'ajoute pas la particule *ge* au substantif qu'ils accompagnent :

debë mi, cinq hommes ; *sunda duk-sib*, vingt chevaux, etc.

Voici le tableau de la numération *sara* :

1	*kede*.	111	*aru dukkemë ker kede*, etc.
2	*sib*.	119	*aru dukkemë kar dösö*.
3	*muta*.	120	*aru duk sib*.
4	*sö*.	121	*aru duk-sib kar kede*, etc.
5	*mi* (1).	129	*aru duk-sib kar dösö*.
6	*miga*.	130	*aru duk-muta*.
7	*sidi*.	140	*aru duk-sö*.
8	*marta*.	150	*aru duk-mi*.
9	*dösö*.	190	*aru duk-dösö*.
10	*dukkemë*.	199	*aru duk-dösö kar dösö*.
11	*dukkemë kar kede* (dix et un).	200	*aru-sib* (deux cents).
12	*dukkemë kar sib* (dix et deux), etc.	201	*aru sib kar kede*.
19	*dukkemë kar dösö*.	210	*aru-sib dukkemë*.
20	*duk-sib* (deux dix).	220	*aru-sib duk-sib*.
21	*duk-sib kar kede*.	300	*aru-muta*.
22	*duk-sib kar sib*, etc.	400	*aru-sö*.
29	*duk-sib kar dösö*.	500	*aru-mi*.
30	*duk-muta* (trois dix).	600	*aru-miga*.
31	*duk-muta kar kede*, etc.	700	*aru-sidi*.
40	*duk-sö* (quatre dix).	800	*aru-marta*.
50	*duk-mi* (cinq dix).	900	*aru-dösö*.
60	*duk-miga* (six dix).	1.000	*debu* (2).
70	*duk-sidi* (sept dix).	1.001	*debu kar kede*.
80	*duk-marta* (huit dix).	1.010	*debu dukkemë*.
90	*duk-dösö* (neuf dix).	1.100	*debu aru*.
100	*aru*.	1.500	*debu aru-mi*.
101	*aru kar kede*.	2.000	*debu-sib*.
102	*aru kar sib*, etc.	5.000	*debu-mi*.
109	*aru kar dösö*.	1.000.000	*debu-debu*.
110	*aru dukkemë*.		

----

(1) M. Clozel donne, pour les cinq premiers nombres : 1 *loy* ; 2 *:io* ; 3 *muta* ; 4 *so* ; 5 *mi*.

(2) « Mille » se dit *debu* dans la plupart des langues du Soudan central (kanourien, téda, haoussanais, logonais, ouandalan, baguirmien et *sara*).

On voit quelle est la simplicité de cette numération. Pour éviter les confusions, j'ai réuni par un trait d'union les nombres qui se multiplient l'un l'autre ; ainsi j'ai écrit *duk-sib* « vingt », *duk-mi* « cinquante », etc., tandis que j'ai mis *aru dukkemë* « cent dix », *aru duk-sib* « cent vingt », etc.

On remarquera que le mot *kar* « et » ne s'emploie que pour joindre les dizaines ou les centaines aux unités : *dukkemë kar kede* « onze », *aru kar kede* « cent un », *debu kar kede* « mille et un », etc. Les centaines sont suivies simplement des dizaines, et les milles des dizaines et des centaines, sans conjonction : *aru dukkemë* « cent dix », *debu duk sib* « mille vingt », *debu aru* « onze cents », etc.

Nombres ordinaux. — A l'exception des mots « premier » et « second », qui se traduisent par *nä* et *ba*, les nombres ordinaux sont tous formés des nombres cardinaux correspondants auxquels on ajoute la particule *naki*. On a ainsi :

1er *nä.*	8e *martanaki.*
2e *ba.*	9e *dosönaki.*
3e *mutanaki.*	10e *dukkemënaki* ou *duk naki.*
4e *sönaki.*	11e *dukkemë kar kede naki.*
5e *minaki.*	20e *duk-sib naki.*
6e *miganaki.*	100e *arunaki.*
7e *sidinaki.*	1000e *debunaki.*

Cependant, pour les nombres composés, comme *dukkemë kar kede, duk-sib, duk-muta*, etc., on emploie généralement la forme du nombre cardinal pour exprimer le nombre ordinal.

« Moyen, qui est au milieu » se dit *dadomake* (1).

« Dernier » se dit *moküdada.*

Je ne connais pas la manière d'exprimer les nombres fractionnaires.

Nombres multiplicatifs. — On les rend à l'aide des expressions « deux fois, trois fois, etc. » placées après le mot à multiplier.

« Fois » se dit *mo :* une fois, *mo kede* ; deux fois, *mo sib*, etc.

Pour traduire « le double d'hommes », on tourne « les hommes deux fois » *deb ge mo sib*, et ainsi de suite.

Adverbes numéraux. — « Premièrement, secondement, etc. » se traduisent par « la première fois » *mo nä*, « la seconde fois » *mo ba*, « la troisième fois » *mo mutanaki*, etc.

§ 7. — Adjectifs qualificatifs.

Les adjectifs qualificatifs semblent assez rares dans la langue *sara* ; on les remplace la plupart du temps par le verbe correspondant, que l'on met soit à l'infinitif, soit au participe passif, soit à un mode personnel. Exemple :

---

(1) La finale *make* semble être une altération de la particule *naki* ; en baguirmien le même mot se dit *dadamaki.*

un chien affamé, *bisĕ bó* (m. à m. un chien avoir faim), ou *bisĕ nĕ bó* (un chien il a faim), ou *bisĕ nañga nĕ bó* (un chien qui a faim) ;

un homme prisonnier, *debĕ udu ñga* (m. à m. un homme être pris), ou *debĕ n udu ñga* ou *debĕ nañga n udu ñga*.

Cependant, il existe un certain nombre d'adjectifs proprement dits, comme *añga* « grand », *mónö* « petit », *nyele* « bon », *zaha* « blanc », *ilĭ* « noir », etc. (1).

La place de l'adjectif par rapport au substantif qu'il qualifie n'est pas bien déterminée. Pourtant, on le place généralement avant le substantif :

mónö bisĕ un petit chien, *añga manda* une grande femme, *ilĭ debĕ* « un homme noir, un nègre », etc.

L'adjectif est invariable en *sara* : le même mot sert pour le masculin, le féminin et le pluriel :

> un homme noir, *ilĭ ñgabu* ;
>
> une femme noire, *ilĭ manda* ;
>
> des gens noirs, *ilĭ deb ge*.

Nous avons vu déjà dans la conjugaison la particule négative *ñge* : cette même particule sert à former des adjectifs que j'appellerai « négatifs ».

Ainsi de *nyele* « bon », on forme *nyelĕge* « mauvais » ;

de *añgä* « maigre », on forme *añgä ñge* « gras », etc.

Degrés de comparaison. — Je ne crois pas qu'il existe en *sara* une manière régulière pour former le comparatif et le superlatif relatif.

On exprime le comparatif de supériorité par la répétition de l'adjectif : *añga* grand, *añga añga* plus grand.

« Mon cheval est plus grand que celui de Mara » se traduira : *sunda Mara añga, sunda ma añga añga* (m. à m. le cheval de Mara est grand, mon cheval est plus grand).

Pour exprimer le comparatif d'infériorité, on aura recours à la même tournure :

mon cheval est moins grand que celui de Mara, *sunda ma añga, sunda Mara añga añga* (mon cheval est grand, celui de Mara est plus grand).

Je ne connais pas la façon de rendre le comparatif d'égalité ni le superlatif relatif. Ce dernier peut cependant s'exprimer aussi à l'aide de la même tournure :

le plus beau des oiseaux est le perroquet, *nyel ge nyele, belĕ nyele nyele* (m. à m. les oiseaux beaux, le perroquet plus beau).

Le superlatif absolu se rend par le mot *baha* « très, beaucoup » que l'on place après l'adjectif : *añga* grand, *añga baha* très grand ; *nyele* bon ou beau, *nyele baha* très bon ou très beau.

Mais certains adjectifs ont, pour le superlatif absolu, une forme tout à fait spéciale et qui semble très irrégulière. J'en ai trouvé deux exemples :

« noir » se dit *ilĭ*, « tout noir » se dit *ilĭ miglimigli* ;

« rouge » se dit *arĕ*, « tout rouge » se dit *arĕ zodönzodö*.

---

(1) Chacun de ces adjectifs peut d'ailleurs être employé verbalement : *m ak añga* « je suis grand », *n ak ilĭ* « il est noir », etc.

§ 8. — Adjectifs et pronoms déterminatifs.

Possessifs. — « Les adjectifs possessifs » ne sont autres que les pronoms régimes, que l'on place après le nom possédé :

>   *ma*, mon, ma ;
>   *yi*, ton, ta ;
>   *nyinë*, son, sa ;
>   *zë*, notre ;
>   *së*, votre ;
>   *zi*, leur.

Exemples : mon cheval, *sunda ma* ; ton chien, *bisë yi* ; sa lance, *mbara nyinë* ; notre esclave, *belë zë* ; votre fusil, *bundu së* ; leur couteau, *kuya zi*.

Au pluriel, on met la particule *ge*, non pas après le substantif, mais après le possessif : mes chevaux, *sunda ma ge* ; ses petits chiens, *mönö bisë nyinë ge*.

Les « pronoms possessifs », que nous avons vus déjà à propos de la traduction du verbe « avoir » sont formés des adjectifs possessifs précédés de la particule *a* :

>   *ama* le mien, la mienne, les miens ;
>   *ayi* le tien, la tienne, les tiens ;
>   *anyinë* le sien, la sienne, les siens ;
>   *azë* le nôtre, la nôtre, les nôtres ;
>   *asë* le vôtre, la vôtre, les vôtres ;
>   *azi* le leur, la leur, les leurs.

Démonstratifs. — Il n'y a en *sara* qu'un seul démonstratif, *ñge* (1), qui signifie à la fois « ce, cette, ces ; celui-ci, celle-ci, ceux-ci, celles-ci ; celui-là, etc. ; ceci, cela ». Lorsqu'il est employé comme adjectif, il précède toujours le nom ; si ce nom est accompagné d'un qualificatif, *ñge* se place avant le qualificatif :

ce cheval, *ñge sunda* ; ce petit chien, *ñge mönö bisë* ; ces hommes rouges, *ñge arë deb ge* ; regarde cela, *wa ñge*.

Relatifs. — Le pronom relatif sujet ou régime « qui, que, lequel, laquelle, lesquels » se traduit par le mot *nañga*.

Le relatif sujet doit être suivi du pronom sujet de la troisième personne ; s'il est régime direct, on doit placer après le verbe le pronom régime se rapportant à l'antécédent. Exemples :

l'homme qui vient, *debë nañga nak abë* ;

les chevaux qui mangent, *sunda ge nañga z ak usa* ;

la femme que j'ai entendue, *manda nañga m wödega nyinë* (la femme laquelle j'ai entendu elle).

---

(1) Ne pas confondre le démonstratif *ñge* avec la négation *ñge*, qui est absolument identique au point de vue phonétique.

On ne traduit pas le mot « qui » ou « que » dans les phrases où ce mot a un antécédent à la première ou à la seconde personne. Ainsi « c'est moi qui ai bu cette eau » se traduira *ma, m ayédega ñge manë* (moi, j'ai bu cette eau) ;

c'est vous qui avez mangé ce poisson, *së s usàdega ñge kazë* ;

c'est toi que j'aime, *yi, kam ma yi* (toi, je t'aime), etc.

Lorsque le relatif est régime indirect et que le verbe *sara* exige une préposition devant son régime indirect, on emploie le mot *nañga* comme ci-dessus, et on place la préposition exigée à la suite du verbe, devant le pronom régime. Exemples :

voilà la maison dans laquelle le chef est mort, *yi kuzu nañga kôkaglë në köyödega dá nyinë* (m. à m. voilà la maison laquelle le chef est mort dans elle) ;

voilà l'arbre sur lequel j'ai vu un oiseau, *yi kaga nañga ma wàdega nyelë nu nyinë* (voilà l'arbre lequel j'ai vu un oiseau sur lui), etc.

Mais il est des prépositions qui ne s'expriment pas en *sara* ; on construit alors la phrase comme si l'on avait un régime direct :

la ville à laquelle je suis allé, *be nañga m abëdega nyinë* (la ville laquelle je suis allé (à) elle) (1).

« Celui qui, celui que, lui qui » s'expriment par la locution *në nañga* (lui qui ou que) ; « ceux qui, ceux que, eux qui » s'expriment par la locution *zi nañga* (eux qui ou que) :

celui qui tue sera tué, *në nañga n gɩ ngàgenàga* ;

ce sont eux que tu as frappés, *zi nañga y undàdega zi* (eux lesquels tu as frappé eux).

« A qui, auquel, dont » marquant la possession se rendent par le mot *anañga* dont la forme rappelle les pronoms possessifs *ama, ayi*, etc. :

c'est l'homme dont le cheval est mort, *yi debë anañga sunda në köyödega* ;

c'est l'homme à qui appartient ce cheval, *yi debë anañga tu ñge sunda* (2).

Interrogatifs. — L'adjectif interrogatif est le même mot *nañga*, que l'on place avant le nom :

> quel fusil prends-tu ? *nañga bundu y ak unä ?*
> quels arbres ont-ils renversés ? *nañga kaga ge z usàdega ?*

On voit que, dans les phrases interrogatives qui renferment un mot interrogatif par lui-même, on n'emploie pas la particule *bu*.

« Qui ? » se rend encore par le même mot *nañga* :

> qui a fait cela ? *nañga në tadàdega ñge ?*
> qui demandez-vous ? *nañga s ak ku ?*

« Quoi ? que ? » se rendent par le mot *endiya* :

> que voulez-vous ? *endiya s ak ma ?*
> Qu'est-ce qu'il y a ? *endiya yi ?*

---

(1) « Aller » et « venir » s'expriment par le même verbe *abë* qui signifie proprement « marcher ».

(2) Voir pour le verbe *tu* le paragraphe du verbe « avoir ».

Pour les interrogatifs régimes indirects on suivra la règle énoncée plus haut à propos des relatifs :

dans quelle maison a-t-il mis son sabre ? *nañga kuzu në mia dü nyinë miña nyinë ?* (quelle maison il a mis dans elle son sabre ?)

sur qui as-tu vu ce fusil ? *nañga yi wädega nu nyinë ñge bundu ?* (qui tu as vu sur lui ce fusil ?)

dans quoi as-tu mis le lait ? *endiyu yi midu dü nyinë mba ?* (quoi tu as mis dans lui le lait ?)

« A qui ? » avec un sens possessif, se rend par *anañga* :

à qui est cette pirogue ? *anañga ñge toho ?*

Indéfinis. — Voici la liste des adjectifs et des pronoms indéfinis que j'ai pu recueillir :

kede, quelqu'un, quelque chose, quelque ;
kedekau... ñge, personne ;
kedege, quelques-uns, plusieurs ;
baha, beaucoup ;
bahabaha, tout, tous ;
skede, un seul, seul, tout seul ;
te, rien.

Le mot *te* renferme en lui-même la négation ; il ne faudra donc pas l'accompagner de la particule *ñge* :

je ne vois rien, *m ak wa te.*

Au contraire *kedekau* ne signifie « personne », avec un sens négatif, que lorsqu'il est accompagné de *ñge :*

personne ne vient, *kedekau k ak abëge* (1).

Les mots ci-dessus, employés comme adjectifs, se placent après le nom :

un certain homme, *debë kede ;*
aucune femme n'est venue, *manda kede n abëdegäge* (2) ;
beaucoup d'arbres, *kaga baha* (3) ;
toute la ville, *be bahabaha ;*
toutes les maisons, *kuzu bahabaha ;*
un homme seul, *debë skede ;* je suis tout seul, *ma skede.*

---

(1) On remarquera que, par allitération, le mot *kedekau* remplace le pronom *ne* ou *n* par la lettre *k* (*kë* devant une consonne).

(2) Mot à mot : une femme n'est pas venue, pas une femme n'est venue.

(3) On sait que le nom ne prend pas la marque du pluriel lorsqu'il est suivi d'un mot ayant un sens pluriel.

§ 9. — Adverbes, prépositions et conjonctions

Adverbes. — Les adverbes proprement dits sont rares en *sara*, mais tous les adjectifs peuvent s'employer adverbialement ; *nyele* « bon » et « bien » ; *añga* veut dire « grand » et « grandement », etc.

Les principaux adverbes de *lieu* sont :

> *yi*, ici, là ;
> *zoyi*, de ce côté-ci ;
> *zi kesa*, à droite (m. à m. main droite) ;
> *zi geli*, à gauche (m. à m. main gauche) :
> *ada*, loin (proprement « être loin ») ;
> *ñgaya*, par terre ;
> *ne*, devant :
> *mli*, derrière ;
> *maté*, dehors.

« Où » relatif ou interrogatif, se rend par *eda* ; « d'où » se dit *mateda* (pour *maté eda*) :

> le village où il va, *be eda n ak abé* ;
> le village d'où il vient, *be mateda n ak abé* ;
> où va-t-il ? *eda n ak abé* ?
> d'où vient-il ? *mateda n ak abé* ?

Les principaux adverbes de *temps* sont :

> *kazage*, aujourd'hui (m. à m. ce soleil, ce jour) ;
> *kazatuma*, midi (le soleil est au milieu) ;
> *kazatumäge*, après-midi (le soleil n'est pas au milieu) ;
> *tebëga*, hier ;
> *tebëga kede*, avant-hier
> *ndiga*, demain ;
> *kazanyeglö*, ce matin (le soleil se lève) ;
> *kazädiga*, demain matin (m. à m. *kaza ndiga*, soleil de demain) ;
> *sana*, maintenant ;
> *zimanau* (1), autrefois :
> *gadò*, d'abord :
> *ayiki*, ensuite ;
> *ñgège*, toujours (m. à m. non-non : c'est la négation de la négation, renforçant l'affirmation.

---

(1) C'est *au* qui doit signifier « autrefois » ; *ziman* est un mot arabe qui signifie « temps ».

ñge, jamais (c'est la particule négative que nous avons vue plus haut, et qui signifie proprement « ne pas ») ;

ñgeyă, pas encore.

Les seuls adverbes de *quantité* que je connaisse sont :

baha, beaucoup (qui se place après le nom) ;

kando, combien (qui se place avant le nom) ;

depata, encore, davantage, plus (qui se place après le nom).

Exemples : beaucoup d'hommes, *debë baha* ; je l'aime beaucoup, *ma ma nyinë baha* ;

combien de chevaux ? *kando sunda ?* combien ? à quel prix ? *kando boyi ?*

donne-moi encore de l'eau, *adi manë depata* ; il y a plus d'arbres, *yi kaga depata.*

On a vu plus haut que la particule *ge* du pluriel se supprime lorsque le substantif est accompagné d'un mot renfermant l'idée de pluralité.

Le mot « oui » n'a pas d'équivalent en *sara* : pour affirmer, on se contente de faire un geste avec la tête. Cependant, si l'on veut affirmer avec plus de force, on se sert de l'expression que nous avons vue plus haut, *ñgëge*, et qui est à proprement parler la négation de la négation.

Pour nier, on se sert du mot *ñge*, presque toujours accompagné d'un hochement de tête (1).

Ce même mot *ñge* s'emploie pour signifier « pourquoi » ; dans ce cas il se place entre le pronom sujet et le verbe : pourquoi ne manges-tu pas ? *yi ñge usăge ?*

« Comment » s'exprime par une articulation légèrement gutturale, assez analogue à notre interjection « hem ? » et qu'il est impossible de représenter exactement par l'écriture ; on peut cependant transcrire ce son ainsi : *hm ?*

Prépositions. — Voici les principales prépositions que j'ai pu recueillir :

 nu, sur ;

 mo, sous ;

 dă, dans ;

 matë. de, hors de (*ab* ou *ex* en latin) ;

 ne, devant, avant ;

 mli, derrière, après ;

 se, avec, au moyen de ;

 yi, voici, voilà.

Ces prépositions doivent se placer devant leur régime :

 nu kuză, sur la maison ;

 mo tala, sous la porte ;

 dă be, dans la ville ;

---

(1) M. Clozel donne pour « oui » le mot *mbu* et pour « non » le mot *say*, dont il n'est pas absolument sûr.

ils apportent l'ivoire de Daï, *zi disiya gãñga kezè matè Dai ;*

devant moi, *ne ma ;*

derrière lui, *mli myinë;*

je marche à pied, *m abë se mza ma* (m. à m. je marche avec mon pied) ;

voici de l'eau, *yi manë.*

Les prépositions « à, de », marquant la possession, n'existent pas en *sara.* On a vu plus haut, au paragraphe du verbe « avoir », la façon de traduire « à » ; quant à « de », il se supprime simplement :

le pied du cheval, *mza sundu ;*

l'oreille du bœuf, *mbi ka.*

« A », marquant tendance à se diriger vers un lieu ou une personne, ne se traduit pas non plus :

je vais à Daï, *m ak abë Daï ;*

je le donne cette étoffe, *m adi yi ñge rama.*

Pour traduire la préposition « par » après un verbe passif, il faut tourner le passif par l'actif. Exemple :

Cette hutte a été renversée par Mara (tournez : Mara a renversé cette hutte, ou : cette hutte, Mara l'a renversée), *Mara n usôdega ñge kuzë* ou *ñge kuzü Mara n usôdega nyinë.*

Conjonctions. — Les conjonctions de subordination semblent ne pas exister en *sara* (1) ; on les supprime tout simplement :

si tu as de l'eau, donne-m'en, *ayi tu manë, adi ma* (m. à m. tu as de l'eau, donne-moi) ;

lorsque tu le verras, tu l'appelleras, *y akëgena nyinë, yi ku ñgena* (tu le verras, tu appelleras).

Les conjonctions de coordination n'existent pas non plus entre les phrases :

il apporta du poisson et il le mangea, *në disiyädega kazë, n usôdega.*

Mais pour relier entre eux deux mots nous avons les conjonctions suivantes :

... *balë... balë,* et :

... *kau... kau* et *enë... enë...,* ou. ou bien.

Un cheval et un chien, *sunda balë bisë balë ;*

une girafe blanche et rouge. *kolo zaha balë arë balë ;*

un homme ou une femme, *ñgaba kau manda kau* ou bien *enë ñgaba enë manda.*

Le mot *kar,* que nous avons vu usité dans la numération avec le sens de « et », n'est pas employé en dehors de cette circonstance particulière.

---

(1) Peut-être cependant a-t-on une véritable conjonction *ë,* qui remplacerait dans la plupart des cas notre conjonction « que ».

§ 10. — Vocabulaires.

Afin de ne pas surcharger inutilement cette étude, je n'ai pas répété ici les nombres, ni les pronoms personnels, ni les adjectifs et pronoms déterminatifs, ni les adverbes, prépositions et conjonctions, qu'on trouvera à leurs places respectives dans la partie grammaticale. Je ne donne dans ces vocabulaires que les noms, les adjectifs qualificatifs et les verbes.

La lettre C. placée à la suite d'un mot indique que ce mot a été pris dans les notes de M. Clozel.

1. — L'HOMME, *debë*

homme (*homo*) *debë*

homme (*vir*) *ñgaba* ; *guñgago* (C.)

mari   *id*

femme *manda* ; *guni* (C.)

enfant *mönö*

garçon, fils *mönö ñgaba*

fille *mönö manda*

père *biya* ; *böl* (C.)

mère *yana* ; *panyadebä*

frère *kü*

sœur *kü manda*

esclave *belë*

femme esclave *manda belë*

ennemi *adu* (mot d'origine arabe)

européen   *zaha debë* ou *debë zaha*

homme blanc   —   —

nègre *ilï debë* ou *debë ilï*.

musulman *banda* (1)

anthropophage *usadebë* (2).

mort, cadavre *debë kóyo*

ami *madu* (?) *sara* (?) (C.)

2. — LE CORPS, *nuñgò*.

bouche *ndelï*

cheveux *ñga* ou *ñgura*

barbe *dim* (Briquez)

cœur *ñgal*

corps *nuñgò*

dent *gäñga*

doigt *ñgabazi* (3)

front *dernë*

langue *ndalä*

lèvre *tarä*

main *zi*

mamelle *mba*

moustaches *bitarä* (4)

nez *kónï*.

œil *kamï* ; *kem* (C.)

oreille *mbi*

orteil *ñgabamza* (5)

os *nuñgò* (6)

pavillon de l'oreille *tarämbi* (7)

pied *mza*

poil *bi*

salive *monyiza*

sang *masä*

sourcils *bikamï* (8)

taille *kudä* (9)

tête *da*

viande *za*

---

(1) Du nom du Dar-Banda, pays musulman dont les habitants vont faire des incursions en pays *sara*.

(2) M. à m. « manger l'homme » et par suite « mangeur d'hommes ».

(3) C'est-à-dire « mâle de la main.

(4) C'est-à-dire « poils de la lèvre ».

(5) C'est-à-dire « mâle du pied ».

(6) On voit que « corps » et « os » se rendent par le même mot.

(7) C'est-à-dire « lèvre de l'oreille ».

(8) C'est-à-dire « poils de l'œil ».

(9) *Kudä* signifie « taille » dans le sens de la partie du corps appuyée sur les hanches.

3. — LES MÉTIERS.

Chef *garä* ou *ñgar* (C.) ; *bägö* ou *bäg*

cavalier *malasunda* (m. à m. maître du cheval)

féticheur *ködüböla* (m. à m. forgeur de grisgris)

forgeron *malaködä* (m. à m. maître de forger)

guide *maladibu* (m. à m. maître de conduire)

médecin *ködüböla* (comme féticheur)

pêcheur *malakazé* (m. à m. maître du poisson) ; ou *debudukazé* (m. à m. l'homme preneur de poisson)

prêtre *malazañga* (m. à m. maître des génies).

On voit par ces quelques mots que les noms de métier, ou d'une façon plus générale, les noms d'agent se forment en *sara* de trois manières :

1° par la simple juxtaposition d'un verbe et de son complément, comme *ködüböla* (fabriquer grisgris) féticheur, médecin; *usadebé* (manger homme) anthropophage, etc.;

2° par la même expression précédée du mot *debé*, comme *debudukazé* pêcheur, *debétoladebé* assassin (homme tuer homme), etc. ;

3° à l'aide du mot *mala*, qui vient peut-être de l'arabe *maoula* « maître », et qui se place devant un verbe ou un substantif pour indiquer la possession de ce substantif ou la mise en action de ce verbe ; on a ainsi : *malasunda* cavalier, *malakazé* pêcheur, *malazañga* prêtre, *malabundu* fusilier, *malakura* archer, etc. ; *malaködä* forgeron, *maladibu* guide, etc. Ce mot *mala* ne s'emploie jamais seul et ne sert qu'à former les noms de métier. Il rappelle le mot *mai*, plur. *masou* de la langue haoussanaise : la langue baguirmienne emploie au même usage le même mot *mala*.

4. — L'HABITATION, LES USTENSILES, LES ALIMENTS. LES ARMES ET LES VÊTEMENTS.

aiguille *morikase* (C.)

allumette *madagene* (C.)

amulette *mbölä*

arachide *uldu* (C.); *dyuru* (1)

arachide-haricot *ñgere* (C.)

arc *kuga* ou *kagakura* (2)

arme de jet *soñga*

assiette *kadé* (3)

bateau *toho*

bracelet de cuivre *dember* (C.)

bouclier *kula*

bouillon *manza* (4)

bouteille *gü*

calebasse en forme de gourde *gü*

calebasse plate *kadé*

cartouche *kambundu* (5)

cassave *biyö*

caurie *hula* (C.)

charbon *kulä*

chemise *rama*

clarinette *mbalä*

coton *nyere* (C.)

---

(1) Cette arachide n'a qu'une seule graine.

(2) *Kagakura*, m. à m. arbre de flèche.

(3) C'est proprement une calebasse en forme d'écuelle.

(4) M. à m. eau de viande.

(5) M. à m. œil de fusil.

courge *woso* (C.)

couteau *kuya*

cuivre *nega* ou *niñga* (C.)

étoffe *rama*; *kobo* (C.)

farine *geregere* (C.): *dogi* (C.)

feu *adë*

ficelle *kula*

fer *minya* (C.)

flèche *kura*

flûte *mbalä*

fusil *bunda* (d'un mot arabe)

galette *kura*

grisgris *mbòla*

guerre *dò*

guitare *dyodyam* (C.)

hache *kumo* (C.)

hutte *kuzä*

ivoire *güñgakezö* (1)

igname *bolbol* (C.)

lait *mba*

lance *mbara*: *naga* (C.)

maison (en bois ou en chaume) *kuzä*; *mända* (C.)

maison (en terre ou en pierre) *be*

manioc (cuit) *biyò*

manioc (cru) *kamti*: *gulu* (C.)

marmite *gudo*

musique *kendë*

natte *bo*

œuf *kapë* (C.)

pagne *rama*

paille *ñgelä*

pain (de manioc) *biyò*

palissade *kiñga*

perles *zuzu* (C.)

pieu *kaga*

pirogue *tua* (C.)

planche *kaga*

plat *kadë*

porte *tala*

remède *mbòlä*

sabre *miña*

sacoche (en cuir) *gògä*

agaie *niñga*

sorgho *barë*

soulier *sarara*

terre rouge *debwa* (C.)

trombache *soñga*

village (composé de huttes) *kuzä*

ville (composée de maisons en terre ou en pierre) *be*

tabac *mäga* (C.); *taba*

tabouret *kögura* (C.)

tafia *käu*

tambour *ndomä*

taro *bògala* (C.)

5. — LES ANIMAUX.

mâle *ñgaba*

femelle *mba*

aigle *kelï*

antilope *kala*; *dogä* (C.)

bœuf *ka*; *ligwam* (Briquez)

buffle *dagä*

canard *ndaba*

cigale *deglä*

chat *tagä*

cheval *swnda*; *sinda* (C.)

chèvre *biña*

chien *bisë*

crapaud *kaglë*

crocodile *mara*

éléphant *kezë*

fourmi blanche *ñyò*

girafe *kolo*

hippopotame *haba*

____

(1) M. à m. dent d'éléphant.

lion *ñgesë*

mouche *ko*

mouton *mbata*

oiseau *nyelë*

perroquet *belë*

poulet *kuza; kinza* (C.)

pintade *tëza*

rat *kebë*

poisson *kazë*

poisson à trompe *kazi*

rhinocéros *beni; ben* (C.)

serpent *nakoyo*

singe *mada*

tortue *golë*

grande tortue *mañë*

très grande tortue *sa*

petite tortue *ñgonë*

6. — LA NATURE.

arbre *kaga* ou *mbuñga*

aurore *kazanyeglë* (1)

bois *kaga*

boue *mbatë*

eau *manë; tutu* (C.)

est *kemkar-tsengini* (C.)

feu *adë*

forêt *kaga*

herbe *ñgelë*

jour *kazëdeka* (2); *kamatege* (C.)

lac *dügu*

lune *nahó*

marais *manbatë* (3)

midi *kazatuma* (4)

mois *nahó*

montagne *alë*

nord *berkëmi* (C.)

nuit *ilï; gindo* (C.)

ouest *kemkar-ondizi* (C.)

pluie *zi*

pierre *kia*

rivière *ba* ou *manë*

sable *wayë*

soir *kazansaha* (5)

soleil *kaza*

sud *dogu* (C.)

terre *ñgaa*

vent *nyelë*

7. — LA RELIGION.

Dieu *Nuba*

esprit, génie, ange ou démon *zuñga*

talisman *mbóla*

prêtre *mulazuñga*

féticheur, marchand de grisgris *ködübóla*

8. — ADJECTIFS

aveugle *wöge* (6)

blanc *zaha* ou *zaa*

bon *nyele*

chaud *suñgo*

froid *suñgöge* (7)

grand *añga*

gras *añgü üge* (8)

maigre *añgü*

mauvais *nyelëge* (9)

mort *kóyo*

noir *ilï*

tout noir *ilï miglimigli*

petit *mónö*

rouge *arë*

tout rouge *arë zodónzodó*

vieux *ezë*

---

(1) M. à m. le soleil se lève.

(2) M. à m. le soleil brille.

(3) M. à m. eau de boue.

(4) M. à m. le soleil est au milieu.

(5) M. à m. le soleil décline, se baisse.

(6) M. à m. ne pas voir, qui ne voit pas.

(7) M. à m. pas chaud.

(8) M. à m. pas maigre.

(9) M. à m. pas bon.

9. — VERBES

acheter *ugò*
aller *abë*
aller en guerre *udò*
s'amuser *damë*
appeler *ku*
apporter *disiya*
attraper *udu*
avoir *tu* (1)
avoir faim *bò*
avoir soif *onyabo*
battre *undu*
battre du tambour *ndamë ndomü*
boire *ayë* ou *ögu* (2)
bouillir *ndedë*
briller *ndeka*
casser *tazë*
comprendre *pemiña*
conduire *dibu*
se coucher *uso*
couper *uñya*
se courber *nsaha*
danser *kaliya*
décliner *nsaha*
désirer *ka* ou *ma*
se disputer *kölë*
donner *adï*
dormir *bi*
écouter *wo*
entendre *wo*
être au milieu *tuma*
être beau *nyele*
être bon *nyele*
être fâché *kölë*

être loin *uda*
être loin de (*id.*)
être vieux *ezë*
fabriquer *kòdü*
se fâcher *kölë*
faire *tadü*
faire de la musique *ndamë kendë*
finir *golo* (C.)
forger *kòdü*
fumer (du tabac) *ayë tabu* (3)
galoper *katakalyë*
haïr *mâge* (4)
ignorer *zelëge* (5)
jouer (s'amuser) *damë*
jouer (d'un instrument de musique)
  ndamë
se lever *nyeglë*
manger *usa*
marcher *abë*
se marier *unü manda* (6)
mettre *mida*
monter *do*
mourir *kóyo*
payer *ugò*
pêcher *udukazë* (7)
piler du grain *dogu-dogu* (C)
placer *mida*
pleurer *ano*
prendre *unü* ou *udu*
refuser *mãge* (8)
regarder *wa*
renverser *uso*
rester *siba* (Briquez)

---

(1) Voir le paragraphe spécial au verbe « avoir ».
(2) Le mot *ögu* ne doit pas être sara ; c'est plutôt un mot du Dar Banda, « employé, m'a dit Ali, par les *Sara* esclaves des musulmans ».
(3) M. à m. boire du tabac.
(4) Pour *ma ñge* « ne pas aimer, ne pas vouloir ».
(5) Pour *zele ñge* « ne pas savoir ».
(6) M. à m. prendre femme.
(7) M. à m. attraper du poisson.
(8) Pour *ma ñge* « ne pas vouloir ».

rire *tubo*	tuer *ga* ou *tolo*
savoir *zele*	vendre *ugò*
tenir *ñgiñga*	venir *abë*
tomber *edë*	voir *wa* ou *akë*
tousser *kesë*	vouloir *ma* ou *ku*

§ 11. — Phrases usuelles.

J'ai tâché de donner, dans la partie grammaticale, le plus d'exemples possible, afin que l'on pût apprendre à manier les mots et les formes de la langue *sara*; j'ai cru bon d'ajouter ici quelques phrases de conversation, qui m'ont presque toutes été dictées par Ali. J'ai joint à chaque phrase *sara* sa traduction littérale, afin qu'on se rende bien compte des idiotismes.

Français	Sara	Traduction littérale
Viens ici. mon ami.	*Abë yi, kü ma.*	Marche ici, frère mon.
Pourquoi m'appelles-tu?	*Yi ñge ku ma?*	Toi pourquoi appelles moi?
Je veux savoir où est la maison du chef.	*Ma ma zele eda kuzü kökaglë.*	Je veux savoir où maison chef.
Qui es-tu?	*Nañga yi?*	Qui toi?
Je suis un européen, je veux aller voir le chef.	*Ma debë zaha, ma ma abë m wägena kökaglë.*	Moi homme blanc, je veux marcher je verrai chef.
La maison du chef est loin; sors du village et monte à gauche, tu la verras.	*Kuzü kökaglë n ak uda; abë matë kuzü ge, do zigeli, i wägena nyinë.*	Maison chef elle est loin; marche hors des maisons, monte main gauche, tu verras elle.
Merci.	*Nyele.*	Bon.
Veux-tu manger du poisson ou de la viande?	*Ba y ak ma usa kazë kau za kau?*	Est-ce que tu veux manger poisson ou viande ou ?
Je voudrais manger de la viande.	*Ma ma usa za.*	Je veux manger viande.
Je vais t'en apporter.	*M disiyägena.*	J'apporterai.
Apporte-moi aussi de l'eau.	*Disiya manë depata.*	Apporte eau aussi.
Voilà de l'eau et de la viande de chèvre.	*Yi manëbalë za biña balë.*	Ici eau et viande chèvre et,
Bien; maintenant je mange et ensuite j'irai chez le chef.	*Nyele; sana m ak usa, ayiki m abëgena kuzü kökaglë.*	Bon; maintenant je mange, ensuite je marcherai maison chef.
Le chef est vieux, mais il est bon; il aime les blancs.	*Kökaglë n ezë, në nyele; n ak ma zaha deb ge.*	Chef il est vieux, lui bon; il aime blancs hommes.
Veux-tu être mon guide?	*Ba y ak ma yi maladibu ma?*	Est-ce que tu veux toi guide mon?
Je ne veux pas.	*Ma mäge.*	Je ne veux pas.
Pourquoi ne veux-tu pas?	*I ñge mäge?*	Toi pourquoi veux pas?
Parce que je suis tout seul à la maison; si je sortais, mon père me battrait.	*Ma skede dä kuzü : m abë matë, biya ma n undägena ma.*	Moi seul dans maison; je marche dehors, père mon il battra moi.

Je comprends ; tu n'es pas marié ?	*Ma m pemiña; y mŭ ndegăge manda ?*	Moi je comprends ; tu n'as pas pris femme ?
Non, je suis encore trop jeune.	*Nge ; ma ñgeyŭ mönŏ.*	Non ; moi encore petit.
A qui est ce cheval qui vient ?	*Anañga ñge sunda nañga n ak abĕ ?*	A qui ce cheval qui il marche ?
Je ne sais pas ; et d'abord quel cheval ?	*M zelŏge ; gadŏ nañga sunda ?*	Je ne sais pas ; d'abord qui cheval ?
Ne vois-tu pas ce petit cheval blanc ?	*Ba y ak wŏge ñge mönŏ zaha sunda ?*	Est-ce que tu ne vois pas ce petit blanc cheval ?
Je ne vois rien.	*M ak wa te.*	Je vois rien.
Regarde bien, il est encore loin.	*Wa nyele, n ak udŭgeyŭ (1).*	Vois bon, il est loin encore.
Je le vois, c'est le cheval de mon père ?	*M ak wa nyinĕ, nŏ sunda biga ma.*	Je vois lui, lui cheval père mon.
Et toi, as-tu un cheval ?	*Yi, ba ayi tu sunda ?*	Toi, est-ce que à toi appartient cheval ?
Non ; quand je serai grand, j'en achèterai un,	*Nge ; ma añga, m ugŏgena kede.*	Non ; moi grand, je troquerai un.
Qu'est-ce que c'est que ça ?	*Endiya ñge?*	Quoi cela ?
C'est une arme de jet (un trombache).	*Nge soñga.*	Cela trombache.
Donne-la moi.	*Adï ñge.*	Donne cela.
Je ne veux pas qu'on te la voie prendre.	*Ma mŏge kede n wa y ak unŭnyinĕ.*	Je ne veux pas quelqu'un il voie tu prends elle.
Personne ne vient.	*Kedekau k ak abĕ.*	Personne il marche.
Prends-la.	*Unŭ nyinĕ.*	Prends elle.
Ça ne vaut rien, le fusil est bien meilleur,	*Nyelŏge, bundu nyele nyele.*	Pas bon, fusil bon bon.
Les blancs tuent avec le fusil, mais les nègres tuent avec le trombache ou la flèche.	*Zaha deb ge z unŭ bundu, zi ga ; ili deb ge z unŭ soñga enĕ kura enĕ, zi ga.*	Blancs hommes ils prennent fusil, ils tuent ; noirs hommes ils prennent javelot ou flèche ou, ils tuent.
Est-ce que les *Sara* sont antropophages ?	*Ba Sara deb ge z usa debĕ?*	Est-ce que *Sara* hommes ils mangent homme ?
Non, c'est mal de manger la chair humaine.	*Nge, nyelŏge usa za debĕ.*	Non, pas bon manger viande homme.
Allons, tu es un brave garçon ; je te donnerai un pagne et du tabac.	*Yi nyele debĕ ; ma diñgena yi rama balĕ taba balĕ.*	Toi bon homme ; je donnerai toi pagne et tabac et.
Que Dieu te garde.	*Nuba nĕ n dibu yi.*	Dieu lui il conduise toi.

(1) Contraction pour *udŏ ñgeyŭ.*

TROISIÈME PARTIE

COMPARAISON DU SARA AVEC LE BAGUIRMIEN

On peut dire que le *sara* et le *bagrimma* ou baguirmien sont deux dialectes d'une même langue, tant il y a de ressemblances entre ces deux idiomes, tant au point de vue grammatical qu'au point de vue du vocabulaire.

Le plus grand nombre des mots sont presque identiques dans les deux langues, beaucoup le sont tout à fait. La principale différence consiste en ce que le sara remplace les chuintantes par les sifflantes : là où le baguirmien emploie *dj* et *tch*, le sara emploie : *z* et *s* ; ainsi on a :

en baguirmien *tchidi* et en sara *sidi* « sept » ;

    —   *dji*   —   *zi* « main » ;

    —   *kedji*   —   *kezé* « éléphant », etc.

La numération est la même dans les deux langues, sauf les différences d'orthographe mentionnées plus haut. On retrouve dans l'une et l'autre un souvenir, si je puis parler ainsi, de la numération quintale qu'on rencontre encore dans beaucoup de langues nègres et qui semble avoir été commune à toutes au début de leur formation. Ainsi « cinq » se dit *mi* et « six » *miga* dans les deux langues : cette forme *miga* est probablement une altération de *mi-kede* « cinq et un », qui a dû être la forme primitive (1). La forme *tchidi* ou *sidi* pour « sept » fait exception. Mais dans *marta* « huit » on retrouve *mi-muta* « cinq et trois », et dans *dosò* « neuf » on peut à la rigueur reconnaître (*mi*)-*sò* « cinq et quatre ».

Il semble que le baguirmien présente plus d'exceptions, d'irrégularités, d'anomalies que le sara, probablement parce qu'il est arrivé à un degré de perfection plus considérable. Ainsi la conjugaison n'a qu'une seule forme en sara tandis qu'elle en a plusieurs en baguirmien.

La forme baguirmienne analogue à la forme sara n'est pas partout identique, comme on en pourra juger par le double tableau suivant.

VERBE SARA	VERBE BAGUIRMIEN
usa « manger ».	*esa* « manger ».

---

(1) Comparez *mi* « cinq » et *mi-ha* « six » en laka, *mindou* et *mi-bali* en ndri, *tsimmi-to-mbali* « six » en golo, *mindri* « sept » en ouadayen, etc.

AORISTE

Sing.	m usa	Sing.	m sä
	y usa		i sa
	n usa		n sa
Plur.	j usa	Plur.	dji sa
	s usa		se sa
	j usa		dji sa

PRÉSENT

Sing.	m ak usa (1)	Sing.	m ak esa
	ik ak usa		ik ak esa
	n ak usa		n ak esa
Plur.	j ak usa	Plur.	dj ak esa
	s ak usa		sek ak esa ki
	j ak usa		dj ak esa

PRÉSENT NÉGATIF

Sing.	m ak usäge (usa ñge)	Sing.	m ak esa li
	ik ak usäge		ik ak esa li
	n ak usäge		n ak esa li
Plur.	j ak usäge	Plur.	dj ak esa li
	s ak usäge		s ak esa ki li
	j ak usäge		dj ak esa li

PRÉTÉRIT

Sing.	m usädega (usa ndega)	Sing.	m sa ga (2)
	y usädega, etc.		i sa ga, etc.

PRÉTÉRIT NÉGATIF

Sing.	m usäge (usa ñge)	Sing.	m sa ge li (3)
	y usäge, etc.		i sa ge li

FUTUR

Sing.	m usägena (usa ñgena)	Sing.	m sa gena
	y usägena, etc.		i sa gena, etc.

La voix passive est analogue dans les deux langues : *sa-ñga* en baguirmien, *usäga* (pour *usa-ñga*) en sara.

Les noms composés se forment en baguirmien comme en sara par une simple juxtaposition. On a par exemple en baguirmien *tarimbi* « pavillon de l'oreille », de *tar* « lèvre » et *imbi* « oreille » ; en sara le même mot se dit *tarämbi*, de *tarä* « lèvre » et

---

(1) Cette syllabe *ak* qui sert de particule du présent en sara et en baguirmien n'est autre chose que la racine des mots *aka* et *akë*, dont le premier signifie « voir » et « faire » en baguirmien, et le second « voir » en sara.

(2) D'autres verbes prennent *djo*, à la place de *ga*, comme particule du prétérit.

(3) La particule *ge* remplace ici la particule *ga* de la forme positive. En sara on emploie la même forme pour l'aoriste et le prétérit, à la voix négative.

mbi « oreille ». Le mot *mala* sert à former les noms de métiers dans les deux langues.

Le pluriel se forme en baguirmien comme en sara par l'addition de la syllabe *ge* au singulier. Les genres se distinguent dans les deux langues par l'addition de mots signifiant « homme » ou « femme » ; ainsi on dira :

en baguirmien, *mon gaba* « garçon », *mon ne* « fille » ;
sinda « cheval », *sinda ne* « jument » ;
en sara, *mónŏ ñgaba* « garçon », *mónŏ manda* « fille » ;
sunda « cheval », *mba sunda* « jument ».

On voit que les mots servant à former le féminin ne sont pas les mêmes et qu'en outre le sara fait une distinction, pour la formation du genre, entre les hommes et les animaux, tandis que le baguirmien n'en fait pas.

D'autre part il y a en baguirmien un rudiment de déclinaison qui n'existe pas en sara.

En baguirmien l'adjectif suit toujours le substantif ; en sara il le précède généralement, mais peut aussi le suivre.

Je pourrais pousser plus loin cette comparaison. Mais ce que j'ai dit suffira, je pense, à montrer d'une part le degré d'extrême parenté auquel se trouvent le sara et le baguirmien, et d'autre part les différences principales qui existent entre ces deux langues.

Je me contenterai d'ajouter une courte liste de mots dans l'un et l'autre idiome.

	SARA	BAGUIRMIEN
1	*kede*	*kede*
2	*sib*	*sab*
3	*mula*	*mata*
4	*sà*	*so*
5	*mi*	*mi*
6	*migu*	*miga*
7	*sidi*	*tchidi*
8	*marta*	*marta*
9	*dosŏ*	*doso*
10	*dukkeme*	*dukkeme*

	SARA	BAGUIRMIEN
moi	*ma, m, kam*	*ma, m, kam*
toi	*gi, y, ik*	*gi, i, ik*
lui, elle	*nŏ*	*ne*
nous	*zŏ*	*dje, dji*
vous	*sŏ*	*se, sek*
eux, elles	*zi*	*dji, djigi*

	SARA	BAGUIRMIEN
Dieu	*Nuba*	*Alla* (arabe)
homme	*ñgaba*	*gaba*

	SARA	BAGUIRMIEN
femme	*manda*	*ne*
père	*biya*	*baba*
mère	*yana*	*kuñ*
enfant	*mŏnŏ*	*mon*
tête	*da*	*djidjo*
main	*ʒi*	*dji*
pied	*mza*	*iñdja*
œil	*kami*	*kami*
bouche	*ndelĕ*	*tar* (proprement « lèvre »)
dent	*gãñga*	*gañgi*
éléphant	*kezĕ*	*kedji*
arbre	*kaga, mbuñga*	*kaga*
eau	*manĕ*	*man*
lait	*mba* (1)	*si*
manger	*usa*	*esa*
boire	*ayĕ*	*ai*

REMARQUE. — Les mots baguirmiens, ainsi que les remarques grammaticales qui précèdent, sont empruntés aux vocabulaires de Barth. Le vocabulaire baguirmien donné par Koelle dans son *Polyglotta Africana* est fortement mélangé de haoussanais, l'esclave qui le lui dicta étant, comme le dit d'ailleurs l'auteur, le seul représentant de sa nation à Sierra-Leone, et ayant par conséquent oublié beaucoup sa langue maternelle pour apprendre celle de ses compagnons haoussanais, kanouriens ou foulans.

---

(1) *Mba* signifie à la fois « femelle », « mamelle » et « lait » ; comparez en haoussanais *nono* qui veut dire « mamelle » et « lait ».

BIBLIOGRAPHIE

Je donne ci-après la liste de tous les ouvrages parus jusqu'à ce jour — à ma connaissance du moins — dans lesquels il est question du peuple Sara.

P. Brunache. — *Le centre de l'Afrique*. Paris, 1894, in-8.

F.-J. Clozel. — *La mission Maistre* (Supplément au *Temps*, du 24 mai 1893).

J. Dybowski. — *La route du Tchad*. Paris, 1893, in-8.

D'Escayrac de Lauture. — *Mémoire sur le Soudan*. Paris, 1856, in-8.

C. Maistre. — *Rapport sur l'expédition envoyée par le Comité de l'Afrique française dans l'Afrique centrale*. (Bulletin du Comité de l'Afrique française, juin 1893).

— *Du Congo au Niger à travers l'Afrique centrale*. (Tour du monde, 2e semestre 1893).

G. Nachtigal. — *Reise in die südlichen Heidenlænder Bagirmis*. (Zeitschrift der Gesellschaft für Erdkunde zu Berlin, 1873).

— *Zur Geschichte Baghirmis*. (Zeitschrift der Gesellschaft für Erdkunde zu Berlin, 1874).

— *Voyage du Bornou au Baguirmi* en 1872 (traduit de l'allemand par Jules Gourdault). *Tour du monde*, 2e semestre 1880.

— *Sahara und Sudan*. Ergebnisse sechsjæhrigen Reisen in Afrika. Berlin, 1879-82, 3 vol. in-8.

DIJON — IMPRIMERIE DARANTIERE

BARTH. Voyages et découvertes dans l'Afrique septentrionale et centrale, 4 vol. in-8°, planches, cartes . . . . 24 »

CATÉCHISME bambara (idiome de Ségou). avec vocabulaire . . . 2 »

CLOZEL. Haute Sangha, bassin du Tchad. Les Bayas; notes ethnographiques et linguistiques, in-8° broché, gravures et cartes . . . 4 »

DAVAN. Petit vocabulaire français-nègre et nègre-français (idiome de Tombouctou), petit in-12, broché 1 50

ESSAI de grammaire bambara (idiome de Ségou), in-12, broché . 2 »

HÉLOT (L.-H.). Dictionnaire de poche français-arabe et arabe-français, in-12 rel. toile 3 50

HOUDAS (O.), professeur à l'école des langues orientales. Précis de grammaire arabe (arabe régulier et vulgaire), in-8° rel. . . . 4 »

— Histoire de Djouder le Pêcheur, conte des mille et une nuits, texte arabe vocalisé avec vocabulaire, in-8° cart. 3 50

— Premières Notions de langue arabe, in-8° br. . . . . . 2 »

LEJEUNE (R.-P.). Dictionnaire français-fang ou pahouin, in-12 br. . 12 »

MONDON-VIDAILHET. Manuel pratique de la langue abyssine (amharique) 1 vol. in-12 br . . . . 8 »

RAHIDY (R.-P.) Cours pratique de langue malgache, 3 v. in-12 rel. . 11 50

    Comprenant : 1re partie, Grammaire 3 50
           2e partie, Dialogues et vocab. français-malgaches 4 »
           3e partie, Exercices et vocab. malgaches-français 4 »

RAMBAUD (J.-B.), capitaine. La langue mandé, grammaire et vocab. in-8° br . 5 »

VOULGRE (Dr). Le Congo français, le Loango et la vallée du Kouilou, avec vocabulaire fiote, in-12 br. 3 50

DIJON. — IMPRIMERIE DARANTIERE, RUE CHABOT-CHARNY, 65

www.ingramcontent.com/pod-product-compliance
Ingram Content Group UK Ltd.
Pitfield, Milton Keynes, MK11 3LW, UK
UKHW021715130726
13696UKWH00004B/1834